卷首语

以经济学治疗“文青病” / 郭艳茹

“文青病”是文艺青年，尤其是文学青年身上常有的一种症状，在现实和网络中都不少见。文艺青年们大多内心聪慧，感情细腻，沉浸于丰富的精神世界，对真实世界的理解常常走偏，而其文艺性的表达又使这种偏误具有很强的蛊惑力和传播力，并可能对公共政策和产业发展产生影响。

文艺青年们通常崇尚小桥流水田园牧歌的农业社会的图景，对工业文明有种本能的反感和恐惧。对疫苗、高铁、核电、转基因、全球贸易、国际金融等等超出了他们理解能力的东西，他们往往会不假思索的去反对，而不会从科学的角度去探究技术原理、安全性等等。他们擅长文艺性的表达，会杜撰各种生动的故事，其缺乏科学依据的观点往往会广为流传。在很多国家和地区，迫于公众压力，很多新技术产业的发展被迫搁置。

另外，文艺青年们还特别憧憬天下大同的乌托邦状态，反感唯利是图的庸俗现实。在现代社会中，“等贵贱均贫富”等大同世界情景被与时俱进的表达为“免费”“限价”。医疗免费、高等教育免费、高速公路免费、房产限价、药品限价等等，各种不切实际的诉求最终往往造成很多意想不到的后果。

“文青病”的根源是缺乏理性和对真实世界的理解能力，只能以抒情代替思考，以愿望代替常识。而建立在理性思维之上的经济学，以研究和解释真实世界发展规律为目的，正是治疗“文青病”的良药。经济学在200多年的时间里发展起来的理论、方法，为我们理解现实世界提供了顺手的工具，有助于我们获得关于社会发展和运行的基本常识。比如：经济学常识告诉我们技术进步和制度演进是人类社会得以摆脱稀缺性而生存和发展的关键，评价一个社会发展状况的基本标准是人类自身的生存和发展状况，儿童死亡率、人均寿命、教育水平、健康状态等等是最常用的衡量指标，不能为特定群体的审美偏好来牺牲技术进步和发展机会等；在稀缺性的约束下，所有资源的使用都是有代价的，免费很多时候比收费可能更为昂贵，免费的商品和服务供给可能会导致需求过多、资源浪费、效率低下等等。

在文青遍布常识缺乏的世界里，让经济学帮我们获得常识。

（作者系山东财经大学教授，山东大学（合作）博士生导师）

经济学家茶座

总第六十六辑

卷首语

国是我见

学界万象

学问聊斋

生活中的经济学

经济随笔

经济评论

经济学人

财经阅读

他山之石

图书在版编目（CIP）数据

经济学家茶座. 第66辑/
郭海涛主编.
—济南：山东人民出版社，
2015.1

ISBN978-7-209-07348-6
Ⅰ.①经… Ⅱ.①郭… Ⅲ.①经济学-文集 Ⅳ.①F0-53

中国版本图书馆CIP数据核字
（2015）第021304号

山东人民出版社出版发行
济南市胜利大街39号
邮编：250001
http://www.sd-book.com.cn
编辑部电话：（0531）82098903
Email:chazuo8903@126.com
QQ群：311957096
微博：weibo.com/sdpress
发行部电话：（0531）82098027
82098028
邮购电话：（0531）82098021
山东临沂新华印刷物流集团印装
2015年1月第1版
2015年1月第1次印刷
169毫米×239毫米　16开
11印张　160千字
邮发代号：24-180
定价：18.00元

国是我见

现阶段注重收入再分配还是继续发展优先？

/俞炜华　詹维玲

某日，接到交大附中一位老师的电话，提及交大附中即将参加全国性的英语辩论赛，希望我能够为学生以中国现阶段应该注重收入再分配还是继续优先发展为题做一个主题演讲。尽管公平和效率问题一直是经济学关注的核心问题，但因本人长时间从事经济史方面的研究，对这个问题并没有持续关注。作为经济学者，向非专业学生尤其是高中生普及社会科学知识是一项非常有意义的事情，在考虑再三后，我答应了附中老师的要求，开始了重新补课的过程。台湾“中研院”经济所的詹维玲研究员刚好在西安交通大学授课，作为长期从事经济增长研究的宏观经济学家，詹教授对经济增长理论及台湾地区的经济增长有着很深的造诣，对普及社会科学尤为热心。因此，我们两人对支持和反对继续优先发展的可能理由进行总结，本文就是我们两位讨论的结果。因辩论不像学术研究，无所谓对错，本文仅仅罗列支持和反对意见，不发表自己的看法。

支持优先发展的理由

第一，中国改革开放30多年的历程表明：尽管发展过程中收入差距扩大，但发展的成果还是极其显著的惠及底层民众。根据美国调查公司盖洛普公司的数据，仅仅在2007-2012年，中国的贫困率就下降3/4，从26%下降到7%。而这大部分应该归因于中国经济高速发展带动的人口从相对贫穷的农村向待遇更好的城市制造业工厂的转移。从某种程度上讲，中国已经实现了经济学界推崇的“包容性”增长。从经济学的观点看，相对于政府，市场解决贫困的力量更为强大。如果在现阶段，中国的重心从经济增长转移到减少贫富差距，经济增长的速度会下降，尽管来自于政府的转移支付会增加，但这在绝对值上可能不如市场力量所带来的民众收入增长。为了减少绝对贫困，中国在现阶段还是应该注重经济增长。先将饼做大，每个人能够分配到的饼的数量就会增加，而且分得最少的群体从分到的绝对值而言仍大于先分饼的选择。

第二，尽管中国实现了30多年的经济高速增长，但中国还没有到未富先骄的阶段。没有一个国家可以实现经济的永远快速增长。中国改革开放以来的经济快速发展已经持续30多年，这是世界发展史上的奇迹。经济学家林毅夫预测，中国的经济增长还能持续20–30年。如果林毅夫教授的预测能够实现，那么一个繁荣安康的现代化中国将屹立在世界的东方，中华民族的伟大复兴也将实现。如果现阶段将重心放在所得再分配，经济增长的速度就会受到拖累，中华民族伟大复兴的既定目标会受到延缓，甚至无法实现。孰轻孰重？应该不难判断。

第三，从世界各国的发展不乏因经济过度重视收入再分配而使经济一蹶不振的例子。如拉丁美洲的阿根廷等国因为经济的过度注重分配使得经济增长乏力，其也从20世纪初期欧洲移民的向往之地变成一个逃离之地。又如，尽管欧洲各国的经济非常发达，但因其过分注重收入再分配，使得财政赤字不断增加，金融危机的雪上加霜，造成蔓延至今的欧债危机[1]。连发展了几百年的欧洲都是如此，更何况现在的中国。

第四，在经济全球化日益显著的今天，资本可以实现跨国的快速流动，如果现在就将重点放在缩小贫富差距上，可能会造成资本向收益更高的地方流动，从而使中国的投资率和储蓄率下降，企业家才能外泄，使经济发展的潜力逐渐丧失。

第五，我们不反对构建基本的社会保险机制对一些最穷人口进行社会救济，但如果大面积地以社会再分配为政策出发点，会造成负面的刺激，使社会保障机制成为养懒人而不是救助穷人的制度。这对并不富裕的中国而言是无法承担的痛。因此，尽管现阶段应该完善基本的社会保障制度，给生存困难的人提供必要的资助，使其能过上有尊严的生活，但重心还是应该放在经济增长上。

第六，从西方发达国家的经验看，在救助穷人方面，基金会和慈善组织的效率要高于政府。在政府财力有限的情况下，政府专注于发展经济，通过NGO等鼓励富人和有爱心的人士从事扶贫等工作，能更好地实现效率兼顾公平的目标。

第七，从欧美等国家的经验看，注重社会再分配的社会保障制度成为利益集团寻租的工具之一，是具有强大寻租能力的中产阶级而不是穷人真正受惠于收入再分配计划。以极大的效率牺牲资助利益集团，可能会增加而不是减少社会的不平均。

第八，中国的和平崛起的过程中，面临并不太平的国际和周边形势。“国虽大，

[1] 欧债的根源就是过好的劳工和社会福利造成产业竞争力下降，无法面对中国和印度等新兴经济体发展所带来的竞争。张五常先生在30多年前就预测到欧洲的福利制度会因为中国的市场化改革而受到冲击。

好战必亡。天下虽安，忘战必危。”中国近代史上的几次发展均被日本入侵打断。套用一句口号“××亡我中华之心未死”，我们应该利用难得的发展机遇，快速提升自己的工业基础，真正实现和平崛起的既定目标。

支持优先收入分配的理由

第一，邓小平在改革开放之初就提出先富和后富理论。中国30多年的高速经济增长的收益大多被先富者拿走。现在到了先富帮助后富的时候了。忽视收入再分配是不道德的。

第二，经济增长的落脚点应该是民富，即收入分配相对平均的人人富裕的和谐社会。单纯追求经济增长速度而不注重民生的经济增长并不是我们发展经济的目的。在改革开放以前，生病的穷人还能得到一些最基本的医疗救护，但现在生病的穷人有的只能等死。这是我们想要的经济增长吗?

第三，将重心放在收入再分配未必不利于经济增长。因为收入分配不均会造成社会的不稳定，而社会稳定是经济增长的基础。从经济发展史上看，没有一个国家可以在社会不稳定的情况下实现经济的高速增长。不注重收入再分配已经给中国社会累积了大量的矛盾，如财政投入不足和医疗保险不足使得中国的医患关系紧张等。为了实现经济的可持续增长，一定要扭转只重增长不注重分配的局面。只有这样，才能将人心凝聚在中国梦的旗帜下，为实现中华民族伟大复兴而奋斗。从学术上讲，以收入再分配为特征的社会保障制度是一个“安全阀”，可以减少社会动荡的风险。

第四，中国社会的人口结构已经逐渐走向老龄化，在这样一个情况下，现在如果不注重收入再分配，构建完善的社会保险机制，将会出现“老无所依”的现象。这是经济增长的目的吗?

第五，长时间只注重经济增长而忽略社会分配不均已经对中国的人力资本投资造成异常大的伤害，现在优质的医疗和教育资源集中在富人上。像北大、清华、交大等学校来自于农村穷人家庭的比例持续减少，长此以往，会造成社会阶层流动性不足，进而造成社会的撕裂，从而对社会稳定造成非常不利的影响。这一点可以从泰国的动荡中看出。阶层流动对社会稳定的作用甚至超过所得的平均分配。尽管中国前30年经济增长造成贫富差距过大，但社会流动性还一直不错，而现在阶层固定的趋势已经越来越明显，不扭转这种趋势，会最终伤害包括富人在内的所有中国人的利益。

第六，尽管资本是追逐利润的，但也是规避风险的，中国长时间不注重收入再分配会使得社会风险增加。因此，收入分配不均会造成资本外逃。

第七，尽管欧美的社会保障制度存在这样那样的问题，但这并不意味着不存在良好的收入再分配机制能最大限度地将再分配的资金用到真正需要的人上面，如诺贝尔经济学奖获得者弗里德曼所提出的负所得税制度等。我们不能以现行社会保障制度不完善为理由就不去构建适合中国的社会保障制度。

第八，学术界一般认为，人不光关心自己的绝对收入，更关心自己的相对收入。尽管中国的基尼系数已经在国际公认的安全线之外，但中国的收入分配不均存在东西差别、城乡差别。西部农村的穷人（社会分配的最底层）只会和周围人比，而不是和东部沿海城市人（最富的人）比，这使得分配不均没有对社会造成很大的伤害。但随着东西部人力流动的增加和信息流动速度加快，当社会最穷的人群知道自己和别人差距有如此大的时候，社会的不稳定就会增加。

第九，市场机制不是万能的，靠市场机制并不能实现贫富差距的缩小。这需要政府力量的推动。

第十，面对形势多变的国际格局，只有构建公平和谐的社会，才能广泛凝聚人心，面对各种不利于中国的各种突发事件。

（俞炜华，西安交通大学金禾经济研究中心副教授，经济学博士；
詹维玲，台湾“中研院”经济所副研究员，美国普渡大学经济学博士）

制度探索 / 夕阳山

2014年夏，政府连续颁布了两项重大改革，一是将城乡户口统一，二是将农村宅基地和集体建设用地纳入不动产登记体系。尽管这两项改革在操作落实上还有许多待进一步完善的细节，但显然它们将开始动摇我国经济制度中长期存在的二元经济结构，并将推进市场经济的制度性建设。

市场经济制度是实践中的选择

新中国成立以来，始终在进行制度性的探索。开国元勋们一直在试图寻求有利于国家富强、民族昌盛的经济制度。前30年，在意识形态的鼓舞下，把计划经济等同于社会主义，生产资料不断集中，最终脱离了现实，走不下去。邓小平1984年时曾中肯相告：什么叫社会主义，什么叫马克思主义？我们过去对这个问题的认识不是完全清醒的。（《邓小平文选》第三卷第63页）近30年来，采用市场经济的方式建设中国自己的社会主义，开始探索市场经济制度。于是，经济开始起飞。实践证明，市场经济的方向是正确的。但市场经济的制度性建设却是个复杂的过程。一是，我们是在发达国家有成熟的市场经济"样板"的情况下进行建设，时常会受到来自内外的"指点"，有时是干扰，稍一迷糊，会走弯路；二是，我们仅用30多年的时间便走完了欧美百年前后的历程，制度建设跟不上发展速度，市场经济的制度性优势还没有发挥出来；三是，也许可能是最重要的因素是，我们是在一个高度集中的计划经济体制的基础上开始进行市场化改革，因此市场经济的制度建设始终受到计划经济思维模式和制度框架的制约。特别是在改革开放初始的十几年，认识上、实践中均有反复。江泽民曾谈到：1992年十四大提出市场经济时，"是有很大风险的"（基辛格：《论中国》，中信出版社2012年版，第475页）。今天，市场经济已深入人心，"计划经济"这个词汇已成为历史。但实际生活中，二元经济结构仍然存在，社会经济资源在市场经济名义下并未形成统一的市场。

古典经济学认为，构成市场的资源有三大要素：土地、资本、劳动力。在充分竞争条件下，三大要素在市场上充分流动，财富便可随社会分工的发展而积累。从我们的现状看，这三大要素的存在状态是：土地资源高度集中，土地不是完全意义的商品，土地交易的只是使用权而不是所有权；资本受到控制，私人资本尚只能在有限范围内流动，在国际间是完全受到管制的；劳动力虽可以在城乡流动，但受到户籍制度的严格限制。在我国目前的市场经济条件下，这三大要素均受到不同程度的制约。十八届三中全会决议讲，要使市场在资源配置中起决定性作用，切中当前的体制要害。

实现十八届三中全会决议的要求，这三大要素的约束就要有序放开，价格最终由市场决定。经济资源只有充分流动，才可能达到最佳配置。

计划经济体制的影响将与市场经济制度的建设在较长时期内并存

改革开放的35年实际上是一个市场经济制度和计划经济制度并存、共同发挥作用的阶段。计划经济尽管已在指导思想和管理方式上退出社会经济管理，但制度基础仍在；另一方面，市场经济尽管已成为社会生产方式和生活方式的主流，但无论企业运行还是居民生活仍带有计划经济的制度痕迹。在双重经济制度并存的状况下，市场经济的发展是变形的。我们有许多社会现象是可以看作这种双重经济制度并存的产物的。如，市场经济的宏观管理不是靠法律，而是靠发文；如，企业（包括国、民、外企）虽已没有主管机构，但政府机构可以发个文管你；如，法律法规只管原则，操作环节往往留有模糊地带；再如，国家有司法体系，但有些基层的民诉还要通过上访；更不要说，官员在市场经济中既当裁判又当运动员的双重身份的弊端了。改革开放尽管使我国国力大增，但变形的市场经济也使社会矛盾日益复杂。

双重经济制度并存，必然使政府行为、官员行为均带有双重性。一方面，是推动市场经济发展、建设公正、透明的运行规则，以法治维护市场经济制度；但另一方面，又要维护二元经济结构，政府是市场的管理人，官员以管理人的意志维护社会运行规则。二元经济结构的存在，顽强地延续着计划经济的框架，同时顽强地限制着经济资源的充分流动。

我国经济的二元结构是计划经济时期遗留下来的产物。本来城乡差别、工农差别是工业化必然伴生的现象，随着工业化的发展、社会分工的深入，这个差别会逐步缩小。如欧美发达国家，如日本，甚至如韩国。但由于我国的工业化是采用计划手段、牺牲一部分人的利益、集中资源进行、在短时期内迅速成型的，结果使原有的城乡差别、工农差别越来越大，形成了两个社会环境。现今，我国的北京、上海与美国的纽约、华盛顿，与日本的东京、京都相比表面上都已差不多，但我国的农村与它们的农村相比却去之甚远。尽管二元经济结构的发生和存在在当时的历史条件下是必要的，但在今天看来，它与现代化进程完全格格不入。

二元经济结构是市场经济制度的羁绊

在二元经济结构下，如果你生在农村，而且如果没有考上大学，那么，就注定要在农村生存；即便你在城市打工，但仍不是城市生活的组成部分，你和你的下一代将无法享受城市居民能够享受到的养老、医疗、教育、休闲等等条件。如果你若生在城市，即使考不上大学，但仍可享受城市生活的环境和居民待遇。人生来便是不公平的。在计划经济制度下，这个不公平还可以维持；但在社会主义市场经济制度下，这个不公平是绝不能再延续下去的。

须知，我们政府的一些部门，名义上是为全国人民服务的，但实际上它的工作范围只限于城市，在地方上也是如此。再看我们的现代化程度，我们现在已经是世界第二经济大国，但我国的农村，不要说生产方式，仅看生活方式中的垃圾处理仍然是以户为单位的模式这一项，就可知道我国大多数人都能享受到现代化的惠泽尚有多遥远。也可以想象，两个100年的目标无论GDP达到什么高度，但如果教育医疗养老这些最切中民生的公民权利仍然分成两个社会的话，那么，这个战略结果形成的实力仍将是脆弱的。

打破这个结构，为我国小城镇的建设展开了广阔的前景，也为东西部的交流拆掉了藩篱。户籍制度改革，取消了农业户口和非农业户口的区别，将使家庭的自由迁徙成为可能。中小城镇的建设、新农村建设，将可能成为随工业化发展、产业分布、随社会分工的深化而自然发展的过程。农村宅基地、集体建设用地纳入统一的不动产登记体系，为这部分土地纳入物权管理、成为可交换的商品创造了条件，即使只是使用权的登记，也是前进了一大步。可以想象的将来，这部分物权将可以成为金融市场认可的抵押品，为农村金融建设打开宽广的市场。而在国家层面的管理上，一些国务院机构也将不再只是管理城市的部门，将真正面对全国居民。这两项改革，将极大地释放土地、资本、劳动力资源，为生产力的进一步提升奠定基础。社会经济资源只有充分流动起来，财富才能积累，相应地，社会文明也才能普及和提升。

市场经济制度的深化需要完善法制环境

面对更宏大的改革前景，不禁有些期盼。

第一，市场经济体系的建设不能靠发文，而应靠法律。市场交易追求效率和公正。要实现这个目标，就需要公开透明，使来自社会各阶层、境内外的参与者有一个共同遵守的秩序。这是市场经济制度的内生要求。我们由于是在计划经济制度的基础上开始市场经济改革的，初始阶段摸着石头过河是必要的。将来发展到高级阶段，也会有摸着石头过河的具体情况，但在总体上，只能是逐步向以法律为主、发文为辅的状态过渡。法律的制定程序相对复杂，但具有稳定性，社会认可度高，一旦出台，各方遵守，社会成本反而低。制定法律是双刃剑，法律范围所及的参与者要遵守，法律执行者也要遵守。

第二，制定出的法律要有可操作性。改革开放以来我们出台了不少法律，但大而化之的多，延及普罗百姓的少。例如食品安全、交通法规。据说，我们在这方面的法律制度是包罗万象的，但在对现实生活的约束作用上却有不同程度的弹性。但如果这些法律在执行层面有很大弹性，或缺少技术手段来执行，那么这样的法律只是摆设。市场经济是以产权私有为基础的，效率公平能否实现取决于对交易参与者是否公平，同时，要能约束到每一个参与人。法律只有具体到个人能够执行才能有生命力，也催生社会生活中的公正文明。

第三，法律的执行要有独立的司法体系来保障。改革开放后，计划经济制度不断退出社会生活，遇到矛盾、纠纷时，是依司法途径解决还是依行政意志解决，始终是个问题。实事求是地说，我们目前的司法体系还不是市场经济制度的维护者，还只是行政体系内的依附组成部分，因此，对于日常生活中司空见惯的不公平、不公正的现象，不能够起到自动纠错的作用。有法可依应该是公民参与执行的法，有法必依则要体现在社会的各个角落，行政司法很难避免执法的混沌局面，而执法的混沌状态是造成社会公正不张的重要成因。司法独立是一项重大的制度性改革，从新中国成立 60 多年的制度探索来看，我们的市场经济制度要发展，不逐步建立起独立的司法体系是走不畅的。

第四，舆论监督问题。执法者能否公正执法，有没有舆论监督是关键因素之一。在我国目前条件下，对舆论完全放开是不现实的，但总要尝试性地去逐步建立相对透明公开的舆论平台。舆论透明是市场公平的保证，对市场管理人、对参与者、对规则是否公平，都是一个检验的平台。舆论监督社会，也监督制造舆论的人。在开放的平台上，才可能有相对的公平可言。应该相信，代表先进文明的民族绝不可能是一个思想禁锢的民族。

深化市场经济制度的改革，上述四个环节是相互关联的。相信户籍制度改革、农村宅基地和集体建设用地改革，将是一个新局面的开始，未来的市场经济制度也将进一步完善，连带的是，对国家运行方式、管理方式将产生改革的需求。改革催生“新政”，“新政”下，使人对现代化的进步和社会进一步的文明、公正产生期待。

（作者系退休金融工作者）

完善征地制度，让农民分享现代化成果 / 陈 钊

党的十八届三中全会公报指出，要让市场发挥决定性作用，让广大农民平等参与现代化进程、共同分享现代化成果。这为我们接下来解决“三农”问题开创了一个全新的局面，同时也需要我们就如何以市场化机制让农民分享现代化成果提供切实可行的操作方案。

理论上，农民在农村或城市都可以分享到现代化的成果，但目前的实践却是该目标难以很好实现，其背后的原因恰恰是现行的两大制度无法让市场充分发挥作用。具体而言，这两大制度就是有关农村征地与城市户籍的制度安排。限于篇幅，这里我们仅针对农村的征地制度改革提出相关建议。

当前快速的工业化、城市化进程涉及大量农业用地向非农业用地的转换。在这一过程中，现行的制度安排主要涉及两个环节，第一个环节是政府向农户征地，将农用性质的村集体土地转换为非农性质的国有土地，第二个环节是政府向非农用地的使用者以市场人的手段让渡土地使用权。两个环节都涉及土地增值收益的分配，第一个环节是土地增值收益在政府与失地农民间的分配，第二个环节是土地增值收益在政府与土地使用者之间的分配。

按法律规定，征地应当区分是否出于公共利益，但目前对于什么是公共利益尚无明确界定，缺乏相应的法律依据作为参考。如果农民难以对征地说“不”，那么失地农民能否在征地中获得合理的补偿就显得十分重要。从公平性出发，不论是出于公共利益还是非公共利益征地，都应给予被征地农民合理的补偿。而现在的问题在于，征地第一个环节的收益分配并非由市场价格机制来决定的，这里所涉及的是政府与失地农民之间“一对一”的关系，因而实际上起作用的是政府与失地农民之间的“谈判”。由于现行的征地补偿标准总体上是以被征收土地农业产值的一定倍数为依据的，如果农民缺乏足够的谈判能力，其所能获得的征地补偿可能远远低于土地“农转非”后的增值。这就导致相当多的农民无法分享到城市化、现代化的成果，加剧贫富差距，激发与征地相关的社会矛盾。当然，一些农民因征地而一夜暴富的现象也客观存在。这

同样是不合理的，究其原因，同样是在失地农民的补偿决定中缺乏直接的价格机制。

相比之下，征地第二个环节的收益分配则直接由市场价格机制决定。这里所涉及的是垄断了土地供应的政府与相互竞争的潜在土地使用者之间的“一对多”的关系，特别是当土地使用权采取招拍挂等方式转让时，市场价格机制往往能使地价被炒得相当之高。

上述两种现象联系在一起，就可能对地方政府形成低价征地、高价出让的不良激励，最终导致大量地方政府长期依赖于土地财政，多征地，少补偿，进一步加剧社会矛盾。当然，现实中也存在地方政府先低价征地，再低价甚至零地价招商引资的情况。此时，地方政府转让土地的收益更多体现在了追求 GDP 或税收上面，并不等于地方政府真的就无偿转让土地了。

因此，为了让农民真正分享城市化、现代化的好处，就首先需要在农村的征地环节让市场价格机制充分发挥作用，让农民直接参与土地增值收益的分享。为此，以下两条政策建议值得考虑。

第一，允许农村集体土地可直接进入城乡建设用地市场。

目前，农村集体土地要进入城乡建设用地市场，必须先征收为国有土地，这不符合建立城乡统一的土地市场的要求。如果集体土地能够与国有土地一样平等进入土地市场，那么土地增值收益的分配就可以在失地农民（村集体）与土地使用者之间直接进行，这样农民才可以直接通过市场价格机制分享城市化、现代化的好处。为使这一做法具有现实可操作性，我们还应同时强调以下几点：

（1）农村土地进入城乡建设用地市场需符合相关的土地利用规划。

（2）农户或村集体都可以作为土地使用权的供给方进入城乡建设用地市场。

（3）非农用地的使用者进入城乡建设用地市场之前，应先获得土地“农转非”指标。

（4）土地“农转非”指标近期内可以由土地使用方通过地方政府获得，今后可考虑建立全国统一的土地“农转非”指标拍卖平台，“农转非”土地使用者先拍得指标，再向农民或村集体购买土地使用权。土地指标拍卖所得由中央政府用于补贴落后地区的公共服务，缩小城乡间、地区间公共服务水平的差距。

第二，政府征收土地增值税。

集体土地入市交易如果存在很高的溢价增值空间，那么应以土地增值税的形式合理分配，部分收益归地方政府所有。这样做的依据是，土地的增值离不开城市建设中各种公共品的投入，因而地方政府也应获得相应的补偿。这就既切实保障了广大农民共同分享现代化成果，又能保证今后地方公共品提供有充足的地方财源，形成良性循环。从操作性考虑，对政府征收土地增值税可以考虑以下几点：

（1）土地增值税率可以由地方政府制定，当地立法机构通过实施。各地可因地制宜，根据当地发展需要制定高低有别的土地增值税率。

（2）土地增值税交由地方政府后，专款用于城市公共品建设，包括公共基础设施投资及科教文卫支出等，可以特别考虑用于目前的城郊结合部、郊县、农村等公共品提供相对落后的区域。

以上有关集体土地直接进入城乡建设用地市场交易，中央政府建立土地“农转非”指标交易平台、地方政府通过征收土地增值税为地方公共品提供融资的做法，在整体的制度上，具有以下多方面的好处：失地农民借助市场价格机制，分享现代化、城市化成果；地方政府借助土地增值收益，建立地方公共品融资渠道；中央政府借助土地指标拍卖，实现总量调控与区域平衡。

具体而言，中央政府既能够在总量上通过土地指标供给，掌控农业用地规模，又能通过将拍卖所得进行跨地区转移，帮助较难直接从土地增值中分享现代化成果的经济落后地区改善地方公共品提供，促进城乡与区域间的公共服务均等化。

（作者系复旦大学中国经济研究中心教授）

户籍与土地协同改革，实现“安居乐业式”发展

/ 宋胜洲

经过三十多年来的改革开放，中国经济持续高速增长的奇迹世界瞩目。但是，当前中国经济增长动力不足和速度放缓较为明显，已引起世界的关注和担心。中国经济增长的动力去哪儿了？从哪儿找回来？

传统经济增长模式的动力日显不足

中国传统的经济增长模式，从原因上看属于外延的、粗放式的、数量式的，过分依赖于资源的投入，而不是追求资源利用效率，这种模式最终会因资源的耗尽而难以为继。第一，自然资源越发稀缺。不仅经济结构上主要依赖资源的消耗，而且也因为资源利用效率低下而消耗了过多的资源。国内资源短缺导致购买国外资源的规模急剧上升，石油、金属矿、农产品等国际大宗商品价格上升明显，依靠消耗资源的空间越来越小。第二，劳动力资源不再丰裕。过去中国经济增长主要的微观驱动力来自于人口红利，但计划生育的长期结果不仅导致人口红利消失，而且变成人口负红利，即老龄化，可能对未来经济增长带来致命性的打击。尽管现在已经开始调整生育政策，恐怕也难以扭转这一趋势。未来更为可靠的方式是加强职业技术的教育，提高劳动力技能。第三，技术进步乏力。技术创新才是真正的长期动力。中国过去依靠引进和模仿的方式，技术进步取得了一些成绩。但随着经济的发展水平和技术水平的提高，再依靠引进和“山寨”，不可能继续维持，但要靠自身创新能力的提高，恐怕不只是加大研发投资和教育投资能真正解决的，真正的障碍在于观念创新和知识产权保护制度。第四，资本开始外流。上述前三种要素的缺乏导致国内投资效率和投资回报率逐渐，以及对中国经济的担心和其他各种风险，不仅对外资的吸引力逐渐下降，国内资本也或明或暗地开始大规模外流，最终可能出现资本净流出和经济空心化的结果，经济可能不再增长或是负增长。经济增长的长期动力还是来自上述要素的供给。

中国传统的经济经济增长模式，从结果上看，属于非包容性的，既没有合理回报给那些做出贡献的人们，导致宏观总需求的拉动力不足。这也是致使中国未来经济增

长动力不足和速度放缓的重要原因。需求分为内需和外需。内需，又分为居民的消费需求和企业的投资需求两种。消费需求、投资需求以及国外需求也就是人们常说的“三驾马车”。如今，这“三驾马车”的动力动显得乏力。第一，消费需求增长乏力正是源于非包容性的增长模式：一方面，劳动收入相对较少，资本收入和政府收入的比重相对较大；另一方面，消费信心不足，政府获得的收入并没有通过养老、医疗、教育等社会保障转移给劳动者，未来生活没有保障需要预防性的储蓄。所以，调整收入分配、政府增加对低收入者的转移支付、提高社会保障水平是重拾中国经济内需动力的一个重要方面。第二，国外需求越来越不可靠。外贸出口是中国经济增长奇迹的重要原因之一，但是对外依存度高已经成为未来经济增长的巨大不稳定因素之一。第三，投资需求难以为继。中国的内需主要来自投资需求，投资的增长远远高于消费的增长。但是，投资的功能是形成未来的生产能力（住宅投资除外），中国长期投资高增长的结果造成了大量生产能力过剩。

结构变革彻底改变中国经济增长模式

要寻找新的经济增长动力，需要全面的经济结构转型，不仅从原因上也从结果上彻底改变中国的经济增长模式。

从经济增长的原因看，要改变过去那种过分依赖资源和劳动力的模式，要进行全面的产业结构的升级，具体包括以下两个方面：

一方面，产业间的结构升级。由目前劳动密集和资源密集为主的产业结构升级为以资本尤其是知识或技术密集产业为主的产业结构，由农业和轻工业为主的初级工业化阶段的产业结构升级为以重工业和服务业为主的高级工业化和后工业化阶段的产业结构。这种产业升级可以摆脱对自然资源和劳动力资源的过分依赖。

另一方面，产业内的结构升级即产业价值链的升级，由低附加值的低端初加工和组装生产环节转向高深加工和关键部件制造的生产环节，由低端的生产环节转向高端的设计、营销、品牌、售后等生产性服务环节，由低价值链、被动控制环节转向高价值链、主动控制环节。这不仅可以获得更高的经济效益和投资回报，而且是留住国内投资甚至进一步吸引外资的根本。

从经济增长的结果看，要改变过去那种非包容性的经济增长模式，需要进行全面的空间结构调整，具体包括以下两个方面：

一方面，区域结构的调整即产业转移。东南沿海和大城市地区土地、劳动力等成本逐渐上升，原先的成本优势渐渐消失，国际竞争力逐渐下降，不得不寻求产业转移，形成了产业转移的压力；同时，东南沿海城市和大城市在经济发展过程中获得了相应的资本与技术和管理知识的积累，也具备了产业结构升级和价值链升级的条件，希望以“腾笼换鸟”的方式换取高端产业或价值链升级的空间和机会，形成了产业转移的动力。这不仅是中国区域结构平衡、经济增长惠及全国更多地区的重要步骤，也是给东南沿海和中西部地区提供新的经济增长机会。

另一方面，城乡结构的调整即城镇化。城镇化首先是人的城镇化，这可以缩小城乡差异，经济增长也将惠及更大的农民群体，增加农民收入和消费能力。其次，城镇化也是土地的城镇化，农村和中西部地区要接受东南沿海地区产业转移，也需要农业用地向非农用地转化，即在接受城市产业转移过程中实现城镇化。这不仅可以提高土地利用效率，缓解中国城市土地稀缺的瓶颈，也是实现产业向中西部和农村转移的前提条件。

上述产业结构升级和空间结构调整是相互作用、密不可分的。东南沿海发达地区的产业结构升级必然伴随着传统产业和低端环节向中西部地区转移，大中城市的产业结构升级也必然伴随着传统产业和低端环节向中小城市或农村地区转移。二者共同作用，不仅带来新产业的投资需求和新产品服务的消费需求，而且带来企业投资回报和劳动收入的提高，是中国经济增长的又一个重大战略机遇，也是未来单纯追求经济增长向经济全面发展模式转变的决定性动力。

结构变革遭遇“乐业容易安居难”的制度障碍

如何进行上述结构变革呢？不会再靠政府的强大力量来推动，而是转为靠市场的资源配置机制来推动。目前中国深化改革的核心就是要构建以市场作为配置资源的决定性作用的机制，其前提条件就是要素自由流动和配置。产业升级意味着资源要流动和配置到更高级的产业或环节之中，产业转移意味着资源要流动和配置到更稀缺的区域之中。如今，要素自由流动机制中，货币资本和物资资本的自由流动基本没有什么障碍了，最难流动的乃是劳动力与土地这两项相对稀缺的要素。恰恰就是这两种要素的自由流动障碍，可能导致上述的结构调整难以成功。

第一，劳力流动障碍。产业空升级与转移和城镇化必然伴随人员的转移。这种移动有上下两种方向。产业升级意味着人才向大城市和沿海发达地区的向上转移，但是这些地区已经人满为患、房价已经很高，要获得户籍和住房已经很难了。产业转移意味着普通工人和一些管理人员向落后地区和小城市的向下移动，问题是他们已经在大城市打拼多年，已经获得了大城市的住房和户籍两项目前中国最大的福利，谁会放弃它们再回流到小地方工作呢？

第二，土地流转障碍。产业升级与转移和城镇化需要占用新的土地资源或者进行土地用途的改变，主要是农业用地转换为非农业用地。这在中国当前的土地制度下难度是很大的。土地价格的巨大差异存在于城乡之间。中西部农村土地价格与东南沿海农村土地价格差异不是很大，真正差异大的是城市土地和农村土地价格的差异，也就是农业用地和非农业用地之间的差异。如果只是依然靠政府强制征地压低价格，只能进一步加剧社会的不安定因素。

这两个问题还是纠结在一起的，城市户籍与社保福利紧密联系在一起，农村户籍与土地这一中国隐性社会福利保障紧密联系在一起。农民到大城市打工做生意容易，但在大城市安居却不容易。但他们又不愿意进小城市，一是小城市户籍得不到更多的福利，二是不愿意放弃土地这一更有利的福利。小城市的人们想进大城市享受更多福利，但却受到限制，一是政府怕社会福利支出负担支出大大增加；二是土地承载力有限导致拥挤。企业由大城市向落后地区搬迁容易，最难搬的是人。除了固有生活圈子难舍之外，更重要的是大城市户籍承载的隐性福利，几乎没有人愿意放弃。

当前中国经济一个重要的问题就是“乐业容易安居难”。农民工和大量到大城市打拼的“外漂”人员，为中国经济增长做出极大的贡献，也实现了他们的“乐业梦”，但他们却难以实现其在务工地区的“安居”梦。外来人员“不安居”，不是仅仅是城市住房价格高问题（与土地制度有关），更重要的是户籍难得。

户籍和土地协同改革，实现“安居乐业”式发展

城市的人和农村的地，正是目前中国经济运行与社会发展中最大的两个矛盾问题。二者协同改革，解决好这两大要素的流动问题，形成完善的要素的自由流动机制，不仅可以成功推进产业升级和战略转移，获取中国经济增长力量，而且是全面深化改革、建立完善的社会主义市场经济体制的关键。

第一，户籍制度改革的关键，不仅仅是改为城乡统一的户籍登记形式，也不是中小城镇落户条件的放松，而是彻底改革依附于户籍之上的巨大福利差异。当前中国户籍的差异不只是城乡之间，更大的差异是地区之间。北京的城市户籍和农村户籍没有多大差异，而北京和河北交界处两个村庄相隔几百米，同为农村，福利差异却达好几倍。

所以，户籍改革应该以中央财政负责建设全国统一标准的、城乡一致无差异的户籍制度，以及依附其上的养老、医疗、教育、住房等等社会保障制度。只有各地区之间以及城乡之间的户籍和福利没有任何差异，人们才会根据自己的意愿自由选择安居乐业之地，才能实现产业顺利转移、区域发展平衡、城乡差距消失。

第二，推进土地产权及其税收制度改革，构建土地自由流转制度。土地制度改革的关键是淡化土地所有权，不再纠结国家所有与集体所有之间的征收土地与所有权转让问题，也不纠结农业用地与非农业用地之间的土地使用形式转换问题，而是强化土地使用权，建立全国统一的土地使用权的交易市场，通过土地使用税调节不同土地的使用成本，形成灵敏反映不同地区土地稀缺程度和不同用途土地使用效率的市场价格，在不同所有者和不同使用用途之间可以自由地流动和转换，将最稀缺的土地留给最需要的产业和最能发挥使用效率的企业来使用，实现土地资源最优配置和最有效使用。

第三，建立户籍与土地使用权相统一制度。每一个户籍人口可分配给一份土地使用权证以及确定不同年份的相应货币价值，全国通用。各个地方政府根据人口和土地面积确定每一个单位面积的土地使用税标准。人们用土地使用权证的货币价值来缴纳土地使用税，多余可用于其他消费，不足则自己再掏钱缴税。如此制度，既可以合理地解决人们在全国自由选择安居乐业之地，也可以公平地保障人们有安居乐业之地可用，还能够最大限度地使用土地资源，减少土地使用的浪费。

第四，建立以人为本的地方政府政绩考核制度。建议采取以户籍人口净流入数量为地方政府政绩的主要考核指标，只有各个地方政府，努力做好经济增长工作，提供更多、更好的就业机会实现人们的“乐业”需求；努力搞好交通、居住、医疗、教育、休闲、绿化等生活基础设施，提供给人们更舒适的生活环境，实现人们的“安居”需求，才能吸引更多的人口流入本地，才能够获得良好的政绩口碑和晋升机会。传统的以经济增长为主的指标是以物为本的政绩考核制度，以户籍人口净流入数量为指标则是以人为本的考核制度。“安居乐业式”的发展模式，使得人们有了自由迁移、“用脚投票”的权利，将形成各个地方政府之间的抢人竞争格局和压力，比人们“用手投票”的选举制度，应该更能促使地方政府做好经济增长与社会人文、自然环境相协调的科学发展，实现城乡差异缩小、各阶层收入公平、全国各区域平衡的和谐社会。

（作者系北方工业大学经济管理学院副教授）

学界万象

国际驻点写作项目见闻录 / 朱 玲

意大利北部的科莫湖在罗马时代就已是休闲胜地。湖面如镜，群山环绕，一汪清水来自阿尔卑斯山消融的积雪。湖畔绿荫浓密古楼云集，有的是宾馆饭店，有的是别墅花园。2001年6月，我在Villa d' Este庄园参加了两天国际会议，湖光山色曾深入心底。2014年6月，再次来到科莫湖畔，在Bellagio小镇参加为期3周的驻点写作项目（为了表达方便，还可将其译作笔会）。此间我趁社交聊天之机对别国写作者频做访谈，比之上次短暂的科莫之行，获得的社会经济和人文信息要丰富得多。

一、访谈机遇

驻点写作是洛克菲勒基金会资助的一个项目，设在Bellagio Center。此处是意大利一位王妃Ella Holbrook Walker（Principessa della Torre e Tasso）于1959年捐赠洛克菲勒基金会的别墅（Villa Serbelloni）。Walker女士来自美国，与一位意大利王子结婚后获得王妃称号。婚后买下了Serbelloni家族的别墅，卖主转而去镇上经营一家名叫Grand Hotel Serbelloni的五星级宾馆。王子早逝未留子女，王妃在临终前完成了别墅捐赠手续。捐赠的原因，是洛克菲勒基金会早在20世纪30年代即设立了以促进国际交流和理解为使命的笔会项目。从农业发展到艾滋病防治，凡是与人类生存和发展直接相关的领域，都曾是笔会参加者的题目。我这一期的同事，来自不同国家和专业，例如阿根廷的海洋保护学家、葡萄牙的作曲家、新加坡的国际法专家、美国的媒体人等等，还有加拿大的外交官和澳大利亚前总理Kevin Rudd（中文名叫陆克文）。

我们的住所如同博物馆，内里禁止拍照，办讲座时一般不许使用幻灯机，因为不少地方都悬挂着上百年的油画和挂毯。古老的瓷器摆放在古老的家具上，每个细节都透露出意大利人高雅的艺术品位。室外的灯柱，不是藤蔓缠绕，就是藏身花丛，横梁上常有小鸟歌唱，遗憾的是每当我举起相机，它们就飞进树丛躲起来不见了。这里每天傍晚都有正餐社交活动，19:15大家皆披挂正装，先到小客厅饮用鸡尾酒，再进餐厅正襟危坐，然后聚在大客厅聊天或听音乐。此外，Bellagio Center还经常接待洛克菲勒基金会资助的国际会议，与会者通常与我们共进晚餐一次。这种聚餐，也是意在扩大交流。

Bellagio Center 位于科莫湖畔向阳的山坡上，湖面呈 Y 字形，Bellagio 处于三岔口，纵然是炎炎夏日，此地仍凉风习习。从我的住处望去，书房阳台面向 Lecco 方向的湖面，卧室阳台正对 Como 方向的湖面，即使打开洗手间小窗，也是满目波光粼粼。平生第一次在如此优美的环境中写作，一开始竟有如梦如幻的感觉。如此想来，那位别墅捐赠者实乃目光长远，让这么多人分享秀丽风光并参与文明的创造，这笔财富的使用可谓正当其所。

Bellagio Center 设有厨房，每天清晨都有小货车从山下运来新鲜面包、酸奶和果蔬等。三班厨师轮流服务，还有清洁工和园丁，加上经理和秘书共 34 人，而我们参加笔会的人员只有 15 名（新旧成员交叉替换）。在这样舒适的条件下，除了写作还能想什么呢？！笔会成员中有的暂停电子邮件往来，有的干脆关闭手机，全力以赴投入书写。Center 为了方便那些午餐期间也不愿停笔的人，就在早餐时收集午餐登记表，根据个人选择备好打包快餐，为他们提供三明治、水果、蔬菜和矿泉水。我一向欣赏意大利餐饮，加之中晚餐食谱始终未重样，因此从未放弃过任何一餐美味，从而也就获得更多与他人深谈的机会。

然而若要围绕自己预设的专题做访谈，首先需要获得对方信任，其次还得确认共同兴趣，最后要让受访者真切知晓对我的帮助。否则，何时切入主题、怎样引出话头都会成为问题。Bellagio Center 组织的集体活动和提供的社交机会，无形中为我的专题访谈做好了铺垫。笔会规定，每位写作者都须按计划提交作品并就此做一讲座。我为了减轻计划执行中的英文写作压力，早在 2013 年底，就以“藏区农牧家庭的妇女儿童营养和健康”为题，准备了一篇英文研究报告。2014 年初应邀投稿杂志 *China Economist*，5 月底拿到了登载此文的赠刊。在 Bellagio Center 报到时，顺便将赠刊交给了秘书处。秘书一手按住杂志高兴地说：“这刊物马上寄送纽约！您最好将文章复印件摆放在阅览室桌面，方便大家随时翻看。”我在秘书那里预约登记了讲座日期，就开始更新和增补全国性的减贫数据，并附上孕产妇死亡率和儿童营养状况变化图表，十天之内将演讲大纲仔细提炼妥当。6 月 11 日下午演讲时，提问热烈、讨论流畅。讲座一结束，Bellagio Center 的主任、笔会成员及其配偶都上前祝贺，迅速拉近了彼此的距离。纽约来的 J 女士激动地称赞：“中国的扶贫效果太伟大了，儿童营养不足率下降这么迅速！瞧瞧印度，经济增长也很快，到现在还有 40% 的儿童营养不良，实在令人惋惜！”

从那天起，我就心安理得地继续行前开始的社保改革研究，并借茶余饭后聊天之机，逐一询问笔会同事的养老和健康保险情况。这或多或少会涉及个人隐私，不但要把握提问分寸，还要积极回应受访者对我个人经历的兴趣。最终收集的信息饱满而多样，既加深了我对社保文献的理解，又带来了新的研究视角和创作冲动。结果写就一篇案例分析报告，发表于《经济学动态》2014 年第 8 期。也正因为如此，以下将略去社保案例，仅从访谈录中择取少许人物观察与读者分享。鉴于笔会设有个人隐私及谈话保护条款，除公众人物外，本文将隐去受访者姓名，采用单个字母表示。

二、开朗自在的陆克文夫妇

Bellagio Center 的住房周转率极高，几乎每周都有一两位新旧成员轮替。有时候上午才空出一间房，清洁工紧着打扫完毕，下午就有人入住。挨着洗衣间的房子里走了一位纽约哥伦比亚大学的法学教授，中心就把继之而来的澳大利亚前总理陆克文安排了进去。他来的那天恰好与我同桌进餐，落座后就礼貌地用汉语询问：“您贵姓？”我一乐：“免贵姓朱”。他那里顺口就来：“啊，朱老师！请多指教，叫我克文吧。”我更忍不住笑了：“别客气，您的中文讲得可真流利呀！”就这样，汉语成了我们结识的桥梁。在我的讲座提问环节，他对中国政府密集投资于贫困妇女儿童发展大加称赞，认为中国社会科学院的相应研究做得非常出色。接着问道，中国是否可以像世界银行在非洲实施的项目那样，使用智能电话为西藏农村妇女提供教育和健康服务。我请他用中文重复一遍，他就做了一通翻译，听众善意地哄然大笑。我的回答是，我们课题组去的地方都是海拔 3500 米以上非常偏僻的山村，有些村子下了汽车还得跋涉数公里才能抵达，因此现在还做不到。讲座之后，我跟陆克文的聊天就更顺畅了。

平日里，他总拿着个 iPad（暂且译为平板电脑），有空就手指翻飞迅速输入。世界杯开赛那天，大家一起在会议室观看电视直播（个人居室无电视），陆克文还一边看球一边写作。问他忙什么？答曰：写一本关于执政理念的书，论述如何在保证财政安全的情况下，促进社会进步，改善老百姓福利。6 月 14 日周六中午，陆克文陪同夫人快步进入餐厅，跟在座的同事一一握手打招呼。陆夫人名叫 Therese Rein，长得富态喜兴，颇具亲和力。陆克文笑着用汉语给我介绍：“这是我们家的家长，是位企业家，现在伦敦工作，今天来度周末。”饭后在餐厅阳台饮茶聊天，Therese 跟别人寒暄之后加入我和陆克文的谈话，主要还是我提问他俩回答。

首先请教澳大利亚国会制度，例如前座议员和后座议员是什么意思。陆克文解释，后座议员（backbencher）在国会里只有议员身份，而前座议员（frontbencher）或者是执政党的内阁成员或者是在野党的影子内阁成员。每个党有20个名额，跟内阁的职务一一对应。比如工党在野的时候，党主席对应执政的保守党总理，副主席对应其副总理，其他的部长也是这样。影子内阁成员必须追踪研究对应的执政阁员的领域和政策，一方面，在国会辩论中就特定领域的现行政策发表意见；另一方面，一旦在野党赢得大选，就可在熟悉专业的基础上立即接手内阁，保证政府稳定运行。他自己前座和后座议员都当过。

其次，询问他为何宣布退出政界。陆克文说，这主要是夫人的主张。他从政期间给家庭的时间太少，家里人也没有隐私可言。他进入政界时，夫人为避免直接利益关联还卖掉了家里的企业。我追问道，倘若他重回政界，Therese岂非又得卖企业？陆克文详解，Therese有家跨国公司。2007年他当选总理时，Therese卖掉了她的澳大利亚公司，在国外注册的企业没有卖，现在她把国外的企业也卖掉了。接着他就用汉语开玩笑："就算发生革命，她也是无产者呀！"我也笑道："卖企业所得不是财富吗？算不上无产者吧！"陆克文回了一句："那她也不再是资本家老板了，可以说自己是雇员。"

Therese补充，她最初建立了一家职业介绍所，后来发展成全球性的人力资源服务集团。这家集团雇员达14000人左右，她把母公司卖给了美国投资者，自己拥有5%的股份，同时也是母公司领导层的一员。现在她还是注册于伦敦的子公司首席执行官，雇员有6000人。公司凭服务结果挣钱，但属于非盈利性企业。例如在德国，她们公司为失业者提供培训并介绍工作，德国政府的劳动管理部门依据培训效果和再就业状况，支付给公司服务费。在美国，母公司为父母离异的儿童提供服务，教育部和卫生部等政府机构为这些服务付钱。公司在波兰、韩国和沙特阿拉伯等国家也都开展了类似的业务。

周日傍晚，陆克文独自出席正餐，原来他的夫人已返回伦敦。Therese这种悄然来往的做派，着实令人印象深刻。

三、多姿多彩的美国人

我在笔会遇到的美国写作者皆来自纽约，这或许是因为洛克菲勒基金会总部设在那里，他们更容易获得必要的信息。这几位同事至少属于中产阶级，行为方式可能也都带有这一阶层的印记。

第一，勤奋、专注、敢于冒险。R 先生在这些方面表现尤为突出。5 月 29 日清晨，我跟他同车从米兰 Malpensa 机场抵达 Bellagio，那一头小辫和尖亮的嗓音，险些让我把他错认为女人！后来我们就成了邻居。每逢早餐，他都会来餐厅溜一圈，不是拿根香蕉就是抓只桃子，登记快餐后就翩然离去，晚餐时才穿戴整齐参加社交。除了外出几次，R 都在工作室用功。他第一次外出，是到米兰附近的一个城市走亲戚。对方说意大利语不懂英文，他说英文不懂意大利语，R 居然还找到这家亲戚共进午餐。问他怎么交流，他说自己能讲西班牙语，这样彼此可以明白 30%-40%。

R 在纽约一家非盈利咨询公司工作，原计划在笔会写作海地故事，可是没有等来邮寄的文件，就干脆写小说了。那为什么要写海地呢？原来他祖父是 1957 年流亡美国的海地前总统马格鲁瓦尔（paul magloire）。R 认为，祖父在私人领域暴虐少德，但在公共领域促进了海地的进步。祖父流亡后，美国当局总是告诉他快回国了。可事实一次次把他们家抛向深渊，祖父到死也未能回去。祖母很早就转而当小贩挣钱，父亲一辈也融入了美国社会。R 不无悲凉地叹道，他们家跟海地一样被世界遗忘了。海地多灾多难，最近一次地震后他去看过一个学校，师生死亡 700 多人。R 回到美国就募捐，买了电脑送给那学校。问他是否要写一本《寻根》那样的小说，答曰还没想好。再问是否想过回去竞选总统，R 说不可能，第一，他是美国公民；第二，他愿意做研究工作。我又追问，父亲是否想回去参政。R 答道，他早就做社会科学研究了，一直生活在美国。他们家在海地只剩下远亲，只因根在海地，他才想探究那里的历史，以及现在为什么还那么贫穷和糟糕。

第二，谨守规则。笔会规定，只允许成员配偶进入 Bellagio Center。B 先生有一双幼龄儿女，于是提早为夫人和孩子在镇上租房，并请秘书处代寻半日制保姆，每小时大约支付保姆费 17 美元。夫人偶尔来参加晚餐社交，B 则按规定在 Center 食宿和写作。他是一家非盈利公司的运营主任，我曾请教过，此类公司如何保证工资福利不侵蚀利润。答曰：首先，政府监督公司把利润用于发展而非成员收入分配；其次，公司董事会成员主要来自外部，也是为了便于监督；再次，董事会之下还有执行委员会，B 对委员会中的一位副主席直接负责；公司还有一位财务主任，对另一位副主席直接负责。最后，他每年提交一个预算，经执行委员会审查通过后，一切按预算办事。作为个人，该公司允许他在完成任务的情况下，用可支配时间与其他公司签约挣钱。

第三，乐于创新和改变。J 女士初来乍到参加晚餐，聊天中敲敲杯子站起来提议，每日晚餐时分随便谁讲一个自己的故事，让我们互相记住彼此。一阵掌声中就有人开讲，到我告别时已轮了一圈。J原在大通银行（Chase Manhattan Bank）工作，事业成功之余意识到，财富增长并非必然导致贫穷减少。于是她建立了一个全球性创业基金，用于孵化发展中国家的社会性企业。J出任该基金首席执行官，在加纳、巴基斯坦、印度和肯尼亚设立办事处，与当地非政府组织合作，根据贫困群体的需求建立企业，既为穷人创造就业，又为穷人提供服务。到2011年，该基金用7000多万美元投资于60多家公司。这些公司又进一步撬动资金2亿多美元，创造就业岗位55000多个，为上千万穷人提供急救、饮水、住房和能源等生活必需品和服务。为此，J成为当年第12期福布斯杂志（Forbes magazine）的封面人物。

（作者系中国社会科学院经济研究所研究员）

亚太贸易论坛韩国行记 / 邱 斌

2013年6月28日，当APTS（亚太贸易论坛）在东南大学经济管理学院举办到最后一天下午的时候，大会最后的主题演讲之后会有一个传统的“保留节目”，即宣布下一届论坛的主办方，并请该主办方代表发言“表决心”，简单表示一下如何办好下一届会议和如何欢迎与会者光临云云。这个小小的悬念很快就由论坛秘书长、日本一桥大学的Taiji Furusawa教授打破了，是韩国西江大学（Sogang University）举办APTS的2014年年会。西江大学经济学院院长E. Young Song教授感谢了论坛理事会给予西江大学机会之后，大大地称赞了东南大学经济管理学院成功举办的此次论坛，并称给了他“莫大的压力”。2014年6月底，当我和团队成员一起到韩国参会之后，才知道E. Young Song教授去年所说是一个典型的东方式“表态”。

一、学术会议，只有学术

记得在往期的《茶座》上写过《美国经济学年会的经济学分析》，也记述过参加其他国际会议的感受。APTS作为国际贸易与国际投资领域较为主流和严谨的顶级国际会议之一，吸引了一大批来自世界各地的学者参会，今年有来自麻省理工学院、牛津大学、宾夕法尼亚大学、斯德哥尔摩经济学院、澳大利亚国立大学以及中日韩等国著名高校的近80名学者参会。就像AEA年会一样，在这种以学术交流为主导的专业性国际会议上，与会学者的心思都在学术交流上，基本上没有学术以外的话题。在一个计量经济手段日益发达的时代，国际顶尖学者的学术价值取向是相当明确的，即欢迎那些既有理论又有实证的学术论文，如果退而求其次，那么就欢迎具有一定创新性的含有理论模型的论文，而不是只有实证研究的论文。在这次会议上，我和我的团队成员有两篇论文被录取，其中一篇是纯modeling 的论文，另一篇是理论加实证的论文，在会议上我和我的学生闫志俊各做了一个演讲，并从与会者的评论和建议中学到了很多。

即使在吃中饭的时候，以自助为主的餐饮形式最大的好处是你可以选择一定的“流动性”到处移步，和你想交流的对象谈论你们想探讨的话题。我和一位在会议上激情演讲的来自斯德哥尔摩经济学院的日裔青年学者交流时发现，这位博士毕业于哥伦比亚大学经济系的同行知道我所提及的任何一篇文献，而这些文献多半都是我在过去四五年当中亲自参加过其作者演讲的，不难想象该学者在这之外的文献阅读量了。与我同行的团队成员特别是初次参加国际会议的青年学生们也感慨地说，原来国际学术会议只有学术啊！当然，也不是说国际同行之间就没有一点寒暄，但即使寒暄时也很惜时，最好展示一点经济学家的专业素养和带一点幽默感。例如，今年春季曾到东南大学经济管理学院短暂访问的Taiji教授，其夫人也随行，但是这位曾经与Taiji一起在哈佛大学访问过的日本女性非常开朗和国际化，Taiji教授戏称其夫人有点像中国人，于是有人说您太太比较“neutral”，于是大家哈哈一笑，仅此而已，而且还是在午餐后走向会场的那会小小幽默一下，一到会场大家立刻又正襟危坐，沉浸在学术交流当中了。

值得称道的是学术会议组织之简洁、高效。据我的观察，整个会议只有正、副院长和三五个志愿者在现场。为什么？主要原因在于，一是这种严谨的国际会议没有迎来送往，省去了很多繁文缛节，大大节约了主办方的精力，也免掉了很多不必要的心理负担，这在以往的《茶座》中已经有所提及，在此不再赘述。二是所有会议服务特别是餐饮，全都依托社会化提供，省去了自己购置和搬运的烦恼，充分享受专业化分工的好处。这一点在美国更为明显，以我参加过的美国中西部贸易学会和其他在美国举办的国际会议为例，会议的中场休息阶段，咖啡和糕点等基本上是外包给星巴克等知名公司来操办的，这样一来，既有面子，又有里子，坚决不做自己不想做和不擅长做的事情。此外，由于会议争取到了校友所在的银行和其他金融组织的赞助，按照国际惯例在会议第一天晚上所提供的免费晚宴也得到了经济保障，举办方在汉江边上的韩国曾经的第一高楼里宴请与会者，也同样做足了“面子”，这更加让我想到了本文开头所提及的东方式谦逊。

印象深刻的另一点是西江大学经济学院的师资力量。这所朴瑾惠总统的母校综合排名韩国前五，其经济学院师资的国际化程度非常高（顺便说一下，由于朴槿惠总统毕业于该校，反而力避给人以照顾母校的错觉，因此他们并未多拿政府资助）。首先，毕业于国际名校的教师数量非常可观，据其学院手册介绍，博士毕业于哈佛、耶鲁、普林斯顿、哥伦比亚、斯坦福等美国顶尖名校的教授就有三十多位，院长E. Young Song教授本人就毕业于哈佛大学，博士阶段师从著名的杰弗里·萨克斯教授。其次，国际合作异常广泛、深入，在高水平国际刊物上发文较多，其中还有教授与诺贝尔经济学奖获得者合作专著并由牛津大学出版社和纽约时报出版社等国际知名出版机构在全世界出版发行，还有教授在Science 和Nature 上发文。上述成就不可小觑，就连国立首尔大学的教授也说西江大学的经济学科和他们在伯仲之间。反观我们自己，国内高校的经济学发展已经取得了很大成绩，但是要想继续进步和跟得上国际潮流，可能还要多向先进邻国学习。

二、经济发达，社会有序

以前在仁川国际机场转机多次，但并未真正进入首尔市。此次赴首尔参加亚太贸易论坛，终于有机会近距离观察这个城市，观察这个曾经和依然给我们的经济发展带来很多示范效应的亚洲"四小龙"之一的首都。

经常出国旅行者往往会形成一种直觉，即到达一个国家的门户特别是其主要机场，立即就能从其方方面面判断出其经济发展水平、社会文明程度及国际化程度。例如，机场的各种基础设施、海关和机场检疫检验人员的工作态度与方式、服务人员的英文水平等。仁川机场作为亚洲的主要机场之一，除了英文这一项指标赶不上香港和新加坡之外，其他各项指标都远远走在亚洲前列。

首尔的城市规划理念较为先进。这是一所相当美国化的城市。除了一个较为集中的市中心之外，并未见过多的高楼大厦。和很多国内的大城市相比，乍一看甚至觉得首尔的基础设施有些"落伍"。但仔细观察就不难发现，这是一个相当人性化的以人为本的城市。例如，大多数市中心的楼宇和真正的大马路之间有较为宽大的缓冲地带，这个缓冲地带往往绿化很好，也有一些休息的地方和设施。地铁站一般都有直上直下的电梯，以便老人、孕妇和儿童乘坐，而且注明上述群体使用优先。而且给人印象深刻的一个细节是，大多数电梯门关闭延时时间较长，关门时动作缓慢，很少会发生乘客被电梯门夹住的事件。超市也比较为顾客着想，即使在离青瓦台不远或者居于最繁华商业中心的超市或者便利店，往往也会在门口摆上几张桌椅，供顾客（游客）小憩。

按照一些国际组织的测算，韩国2013年人均GDP为2.5万美元多一点，远远少于新加坡的5.2万美元，也少于香港的3.8万美元，高于台湾的2.1万美元，远远超过中国内地的0.66万美元。但是按照PPP（购买力平价）测算的韩国人均GDP较高，达到了近3.2万美元，这也验证了我们对韩国物价水平的某种印象，即与我国的大城市相比，不如想象的那么贵。以我会议结束之后邀请同行的6人吃一顿典型的韩国烧烤为例，大约花费150美元，并不明显贵于国内大城市的餐厅。

经济发达之后的韩国，其社会秩序良好，首尔市民的言谈举止与城市社会风貌也给人留下很深刻的印象：街道普遍较为干净，在最市中心的地方例如明洞（我们称之为“窗口地带”）更加可圈可点。出租车司机为你介绍韩国文化，商店店员笑容可掬，也能操较好的简单够用的英语（当然也有相当多的商店聘请中国籍店员直接面向蜂拥而入的中国顾客）。西江大学的学生志愿者彬彬有礼且言谈成熟审慎。

三、国家形象，超常展示

韩国在展示国家形象方面更是不遗余力，不管是否去过韩国，这一点大家都比较了解。在仁川国际机场，我每次路过那里几乎都能看到身着韩国服饰（古装）演员们的列队表演。人高马大的“文武百官”和“妃子宫嫔”鱼贯而入，相关表演者神情严肃，有如真正上朝一般，令人忍俊不禁。由于对这一和中国文化渊源深厚的国家充满了好奇，我总想探究一下两国文化的异同点到底在哪里。我想，相同（相似）有很多，最大的不同是韩国在国际化方面走在我们前面 10 － 15 年，这一点可用韩国 20 世纪 60 年代开始的经济腾飞与肇始于 1978 年的我国改革开放做个不太严谨的对比。如果你能在紧张的会议之余参观一下韩国古代建筑文化的代表作景福宫，就会更加感受到韩国对传统文化的珍视、保护和宣介。在离景福宫和青瓦台不远的韩国国家旅游组织（类似于我国的国家旅游局）博物馆，韩国文化的方方面面特别是衣食住行都得到了充分展示，游客们可以随意取阅印制精美的各种语言的免费小册子，也可以通过多媒体感受到韩国文化的声光展示。博物馆礼品商店里的各式纪念品制作精良，价格合理且纪念品的载体也很国际化。例如，景福宫或者青瓦台的冰箱贴让你想到欧美国家的纪念品（这一点在我国上海、香港之类的国际化城市也不鲜见），非常个性化且颇具表现力。

韩剧里男男女女的明星，其特写照片到处都是，特别是在大型商业中心的入口上述展示就更为常见。以“都教授”为代表的韩星影响力空前，以至于在刚刚举办的南京青奥会开幕式上，“都教授”也被借来发挥影响力，引得无数粉丝竞折腰。韩国民众与企业也不太“崇洋媚外”，创立了一大批民族品牌，除了 LG、三星、现代这些大家耳熟能详的大品牌之外，就连化妆品也不一味向欧美看齐，而是创立了非常东方的“雪花秀”品牌，而且其产品售价不菲，我甚至猜测该品牌的首要目标顾客群体是中国人而不仅仅是韩国人，这从乐天百货的免税店里人声鼎沸的中国游客的大手笔采购中就能略见一斑。

当然，在国际交往中韩国丝毫也不掩饰其政治观点，在对待日本在二战中的行为以及对于独岛的态度上，韩国更是毫不含糊。例如，在仁川机场通向首尔市区的AREX列车上，循环播放着一个记录短片，宣传独岛是属于韩国的。其大大的英文字母标题也给人留下深刻印象：HISTORY KNOWS THE TRUTH; JAPAN KNOWS THE TRUTH;THE WORLD KNOWS THE TRUTH（历史知晓真相，日本知晓真相，全世界都知晓真相）。韩国在世界各地来访的客人甫一抵达韩国就明确宣传其观点并拿出证据，这起码是科学、客观和令人印象深刻的做法。

我们这次韩国之行只有简短的4天，上述些许印象对于经常往来两国之间的人士或者“韩国通”而言难免挂一漏万。希望有更多的机会访问、观察和体味这个国家，希望从这个只有江苏省面积大小的国家及其国民身上找到更多可以学习的成功经验和优秀品质。

（作者系东南大学经济管理学院教授）

陶孟和与他的研究机构在北平的九年

/ 王砚峰

1926年7月到1935年11月，陶孟和领导的社会经济研究机构在北平先后经历了从中华教育文化基金会社会调查部，到北平社会调查所再到中央研究院社会科学研究所的机构变迁，完成了从草创到壮大的嬗变后，举所离开了曾经的皇城，南下“晋京”。此一去，则又是17年的辗转和变迁，待研究所再度“还京”的时候，已是新中国成立后的1952年12月，此时的机构也已改称中国科学院经济研究所了。

相对于1949年前的其余日子，在北平的这9年间，是陶孟和与他的研究机构相对安定的一段时期。通过对这段时间机构的组织、运作以及所址的数次迁移，也许能稍稍探究和还原一下前辈们的工作状态，也实感创立并维持一间学术研究机构的艰难。

组织机构的变迁

1926年2月，美国纽约的社会宗教研究院通知美国庚款的管理机构中华教育文化基金会（以下简称“中基会”），计划捐赠一笔为期三年的专款，专供社会调查之用，并表示不干涉人事与行政安排。中基会董事会决定接受捐款，每年拨专款1万元，增设社会调查部（以下简称调查部），聘任陶孟和担任专办社会调查部秘书，即负责人，并于3月26日由董事会执行委员会议决设立顾问委员会，由干事长范源濂（静生）先后聘任戴乐仁、甘博（Sidney David Gamble）、夏威士、贝克（John. Earle. Baker）、章元善、刘大钧、陈达、程琬珍、张伯苓、丁文江等任委员。5月14日，第一次顾问委员会商定先行以在北京调查家庭工业作为试验。7月1日，调查部正式成立。

关于美国方面的捐款，查阅当时的调查部年报，所谓每年拨付专款1万元之数，未明示是美元还是国币。而美国捐款第一和第二年为每年7000金元和25000银元，第三年为7000金元。此中是否尽数用于调查部之建设，则不得而知了。

调查部成立第一年，除秘书即负责人为陶孟和外，又聘请了调查主任1人，调查员5人，编辑1人，统计员3人，共计11人。其中调查主任是著名社会学家李景汉，编辑是后来成为著名经济学家的樊弘。此后的三年间，尽管人员进出频繁，但调查部基本保持十余人的常设员额，没有大的改变。

调查部时期的三年，每年召开一次顾问委员会会议，1928年5月19日举行的第二年度顾问委员会会议，除了丁文江等顾问参加外，中基会方面增派周诒春、任鸿隽参加，会议建议调查部今后的调查与研究应限于劳动调查和农业经济两方面，避免过于宽泛，以收到“敏捷之效”。而从调查部前三年的研究与调查情况来看，也基本保持在这些范围之内，而这些调查与研究，则开创了中国社会学研究的先河，在短短三年时间里，出版了一批对后世影响深远的社会学研究成果，社会研究的重要性也开始为社会所重视。

到1929年6月，美国社会宗教研究院的三年捐款期满，而社会调查事业正值蒸蒸日上，“同人等一本实事求是之精神，搜求社会事实，分析研究，编述成书，计今已有刊物九种问世矣”。鉴于调查部的工作成果和价值，1929年6月29日，中基会召开的常年大会决定将调查部改组为社会调查所（以下简称调查所），继续隶属于中基会，每年补助国币8万元。而改组的事项，在当年3月12日的调查部顾问委员会上即已讨论并做了计划，并获得董事会执行委员会的讨论通过。

调查所设立后，于1929年7月成立所委员会，作为管理机构，共设委员9人，时任中基会董事会干事长、掌管基金会财务分配权的任鸿隽任委员长，陶孟和为秘书兼会计，同时任所长，委员包括丁文江等7人。委员会的大多数委员均为学界名流，对具体事务干涉不多，对调查所的运筹计划则是尽力支持。

调查所的成立，使之由一个“临时试办之机关一变而为独立永久之团体”，人员也随即迅速增加。按照年度报告所记录的名单统计，调查部第三年时为13人，调查所成立第一个年度末即1930年6月底达到31人，到1933年6月底增加到47人，加上临时工作人员已达六七十人之多。

调查所成立后，机构对人员的构成与分类进行了调整，在调查部时期，秘书（即负责人）以下人员主要分为编辑、调查主任（研究员）和调查员、统计主任和统计员三类，调查所成立初时将人员分为研究员（包含调查与统计人员）、计算员和事务员三类，此后随着事业发展和人员增加，到1933年6月时，调查所的职员表已扩展为所长、研究主任、研究员（助理研究员）、研究生（练习助理员）、秘书、图书馆主任、事务员、计算员等八项。

在人才队伍的引进方面，调查所首先从国内大学中招聘了多位优秀毕业生充实研究队伍。1929年，吴半农、韩德章、曾炳钧、刘心铨、王士达、吴铎等人入所被聘为助理研究员，此后成为研究所的中坚力量。

同时，调查所开始聘请海外归来学者，1930 年 9 月，裘开明受聘到所任研究主任，负责农业经济研究，但当月又请假返美，此后于 1933 年获哈佛大学经济学博士，终身致力于图书馆事业，1931-1966 年历任哈佛大学哈佛燕京（学社汉和）图书馆馆长等职。

1932 年 6 月，调查所又聘纽约大学经济学博士陈君慧担任研究主任，担任财政金融方面指导工作，陈在所五年，后附汪，1945 年逃日，旋被引渡回国入狱。

除上述两位，1933 年 11 月到所任研究主任的朱炳南，亦是留美归来，负责财政研究工作。而调查所对于延聘的海外学者均给予很高的待遇，为他们专设研究主任一职以示重视。

1930 年，调查所开始招收研究生，汤象龙等五人成为调查所第一届研究生，1931 年招收吴承禧等 6 位研究生，1932 年招生达到 9 人，包括罗玉东、王镇中、刘隽、千家驹、郑友揆等都是该年度入所。1933 年，招收的研究生有巫宝三、梁方仲、严仁赓、赵泉澄等 9 人。1934 年，张培刚到所任练习助理员。

随着机构的扩张和人员的增加，从 1930 年起，社会调查所的研究项目明显增加，在此前已有的社会调查与农村经济诸研究项目之外，又增加了近代经济史、人口研究、工业经济、财税研究等学科。1932 年 11 月，国防设计委员会成立，将财政经济等方面的研究、调查工作委托调查所进行，每月拨付一定数量的补助经费。这样，关于人口、粮食、地方财政、棉纺织行业、物资流通、对外贸易以及税制、货币、国民所得等研究随之兴起。此时的北平社会调查所，一方面领全国社会调查与社会学研究之先，另一方面逐渐形成了现行部门经济问题及经济史的研究相提并重的经济学研究格局，与国内外的学术合作日益增多，正是羽翼渐丰、宏图大展之际。而此时，中央研究院社会科学研究所与社会调查所合并的动议正在逐渐变为现实。

早在中研院成立之初，蔡元培曾有意请陶孟和主持社会科学研究所，当时未能实现。但社会调查所与社科所之间的平等合作则迅速展开。诸如由调查所负责整理、统计社科所在浙江农村的调查数据，指导该所的“工资理论之研究”并协助查阅北平各图书馆藏书，以及合作开展著名的“无锡、保定（清苑）农村调查”等等。

1931 年 12 月至 1932 年 1 月，民国政府发生公债风潮，随即“一·二八”事变爆发，3 月份，政府决定停付庚子赔款一年，相应的“退款”也随之停止。这一时期，中基会面临了较大的财政压力。

1933 年 6 月，丁文江就任中央研究院总干事长，丁文江一直担任调查部顾问委员会和所委员会委员。而此时的社会科学研究所，随着陈翰笙等人的离职，研究所几近空巢。丁为了集中人才、统一发展起见，在调整中研院机构时遂有将平京两所合并，仍由基金会拨付经费，而将原社会科学研究所经费转为建办中央博物院之用的想法。而中基会方面，任鸿隽在资助方向上则一直有着偏重自然科学的主张，因此此时亦乐于促成此事。

在上述背景下，社会调查所与社会科学研究所的合并就成了箭在弦上之势。

1934 年 5 月 18 日，社会调查所委员会第九次会议召开，会上任鸿隽在报告中宣布了中基会对合并的意见，即合并后沿用社会科学研究所名称，将其作为中基会补助的机构，此后 4 年内暂定补助经费每年 8 万元，以后改为每年 6 万元。31 日，中基会第八十五次执行、财政委员会联席会议，提出并讨论通过两所合并问题。而对于任鸿隽打算缩减经费并缩短拨款的年限的意见，陶孟和为维护科研工作寸步不让，宁可取消合并事，不能缩减经费，从而开始了一番争执。7 月 20-24 日间，任鸿隽与胡适、丁文江、陶孟和四人互相频繁通信，陶孟和认为任鸿隽关于合并对主张是“压迫驱逐”，胡适则劝谓“他不过想为中基会省些款项，照顾各方。”陶则认为“用省下来的款项来膨胀生物所的预算”是不公道的做法。最终经胡适等斡旋，仍照丁文江的原计划进行。

改组合并后，“社会科学研究所的经费，既靠调查所原有的经费，而调查所原班人马又顶替了研究所的人员”（郑友揆语）。所谓“合并”，实际上称为“改名”更为恰当。原社会科学研究所除了民族组并入历史语言研究所外，已无研究项目和人员可以合并。因此，社会调查所将关防及图书资料、设备以及管理人员接收后，即由民间学术机构变为国立中央研究院的一个研究所。此后，社会科学研究所的研究范围进一步偏重现实经济问题的调查和研究，但同时仍然继续延续经济史和社会调查等领域的工作。

1934 年 7 月 1 日正式更名后，社会科学研究所实际上有半年多时间分处北平与南京两处办公，内部称为“平所”与“京所”。除了工业和金融两个研究组迁往南京外，其余各部分研究人员仍由陶孟和所长带领，留在北平办公。1935 年 4 月，为了工作方便，又将南京部分迁回北平，合为一处。可惜此后随着华北局势紧张，到了 12 月份，又遵照院方指示全所迁往南京，只留下当时主持档案抄写工作的汤象龙等人，直到 1937 年“七七事变”爆发，才彻底离开了北平。

办公场所的迁移

社会调查部初起时，作为中基会的附属部门，是与中基会事务所（即总办事处）同一地址办公的，开始在北平石驸马大街42号一座较大的民宅里。石驸马大街就是现在的宣武门内新文化街，当时有很多文化机构都曾在这里驻设，包括当时的中基会董事兼干事长范静生就住在83号。第二年4月，调查部又随中基会搬到了基金会自置的南长街22号办公会所。1929年下半年开始，已独立的调查所租赁了南长街东河沿6号的一所小洋楼。但随着人员增加，办公面积狭小的问题很快就显现出来了。

调查所成立后，作为独立的研究机构，建设永久性办公场所的问题也就提到了议事日程上来了。但是，以当时三五十人的规模，要求中基会拨款建筑一座办公大楼也并非易事。而此后，一系列形势的变化使调查所获得了拥有固定性办公场所的机会。

1927年12月23日，范静生去世。为纪念范静生，由其创办的尚志学会倾其所有，出资十五万元作为基金，范静生之胞弟、实业家范锐（旭东）捐出范家在石驸马大街83号的房产，决定创办并委托中基会组织和管理以静生命名的生物调查所。中基会接受嘱托，勉力操办，1928年10月1日，静生生物调查所正式成立。成立后，中基会对其倾力扶助，补助经费逐年增加。

1928年9月，北平图书馆位于北海西侧的馆舍建筑举行破土礼，1931年4月，工程告竣。而1929年4月，静生生物所委员会第三次会议提议建造新所址事项。1930年2月，中基会第四次常年会议议决社会调查所建筑所址。随后，北平图书馆将养蜂夹道西侧空闲地块五六亩划赠，用于两所办公楼建筑，中基会于是决定在此建筑三层办公楼，由静生所与社会调查所共用。同月，建筑工程开工，5月12日举行奠基礼，1931年2月举行落成典礼，随后于5月18日搬入新址办公，门牌编号为文津街三号。新址建筑加院落合计三十亩，社会调查所占用大楼西半侧，静生所居东半侧。至此，社会调查所终于有了自有的办公房屋，此后直至1935年底社科所离开北平。

据曾任调查所秘书的吴铎回忆，当时的建筑工程由基金董事会委托周诒春先生主持，施工中的具体事务常由陶孟和委托吴铎办理。举办奠基礼前，陶孟和嘱咐吴铎撰写了一篇纪要，说明社会调查所的现状和建筑办公楼的缘起，并将全所工作人员姓名附列于篇末。奠基时，将全文、当时通用的若干枚硬币及当天的几份日报，装入一个小铁箱，焊封完毕，再放入基石的中空部分。不知这个铁箱还能不能重见天日，让看到它的后人能够感知一下那一时刻的真实历史。

另有一段掌故，据北京图书馆杨宝华回忆，北平图书馆馆舍落成后，门前街道，东起金鳌玉栋牌楼，西至西安门大街路北西小石作南口止，向无专名。为纪念馆藏“文津阁”四库全书，1931 年 4 月 9 日，北平图书馆致函北平市公安局拟将这段街道定名为“文津街”，公安局 5 月 18 日来函照准，于是才有了文津街这个地名。

而合并后的社会科学所，本已接收原在南京钦天山下鸡鸣寺路一号的办公楼，唯因北平所址较为宽敞，与北平图书馆为比邻，“更有多数学术机关之图书馆可供参阅，工作至为便利，故各部门研究人员，除金融工业两部分留京外，余均在北平工作。旋因平京两地相隔遥远，于研究工作上、管理上以及图书应用上均感不便，乃于 1935 年 4 月间将南京部分移往北平，遂得集中一地”。而南京的所址，则由中央研究院决定于当年下半年拨归心理研究所。

但是，此后华北局势骤然紧张，且中研院又提出要求各研究所视工作之性质分别集中京沪两地，并决定在南京为社会科学研究所建造新址。于是研究所于 1935 年 11 月间经与院部商定实行南迁，暂时以南京成贤街总办事处原址作为所办公地点，自 12 月 2 日开始工作。北平文津街原址则于 12 月底退还静生生物调查所。

此时，所里的工作人员除仍留北平主持档案抄写工作者外，其余都来到了南京。但是，到了 1936 年 1 月末，成贤街房屋因已经出售给了中央图书馆，社会科学所则只好临时在南京狮子桥 23 号租房，于 2 月初迁入办公。“该处房屋甚形狭小，且系住宅建筑，颇不适于机关办公，唯以系暂时性质，尚无大碍。”此时，为社科所新建的位于史语所南侧的新办公楼尚有待来年才能竣工。至于北平方面，则只设办事处一所，作为留在北平负责主持抄写档案的人员的工作地点，开始位于原所址西侧的酒醋局三号，随后迁至北新桥小三条。

（作者系中国社会科学院经济所研究馆员，图书馆长）

政府人才工作要有大智慧 / 赵红军

——政协委员履职的经济学思考

记得读小学的时候，经常会读到一句很抽象的话——“时间能见证一切”，当时懵懵懂懂，也不甚了解其中的深义。长大后经过的事情多了，就发现这句话虽然平实但却揭示了一个非常深刻的经济学道理。在我们的现实生活中乃至政府、企业的日常管理工作中，就常常能见证这句话的魅力和深刻哲理所在。用一句简单不过的话再论述一下就是，有些工作虽然没有人愿意做，短期看可能也没有效果，但长期坚持却能成就一番事业；很多事情虽然短期看很忙碌，但长期看却不一定有好的结果。我这么说，估计还是太抽象，就让我用一个例子来解释解释吧。

最近我参加某区人才工作体制和机制研究情况的政协调研会，算是履行自己作为政协委员参政议政的光荣职责，就再次让我见证了这句话的强大魅力。会议先是由主管人才工作的人保局领导汇报关于完善人才工作体制机制的想法以及过去几年的做法，然后就是聆听各位政协委员的发言以及委员与官员之间的互动，最后由政协主席总结发言。大家发言的过程中透露出了这样一条信息，那就是某某大学城建成已十多年了，但至今与该区在产、学、研甚至就业方面的互动关系却少得可怜，对当地经济社会发展所发挥的作用似乎并没有想象的那么大。当时给人的总体印象似乎就是，某区区委、区政府当初做了一个得不偿失、十分愚蠢的决策。有人甚至拿出了大学城十多年来在该区寥寥无几的大学生就业统计数字来为此观点提供证明。对于这样的看法，我不敢苟同，趁着发言的机会就表达了不同的意见，我当时重点讲了三点内容：

首先，回过头来看，该区的人才工作经过这么多年的努力总体上还是非常成功的。毕竟政府相关部门、领导想了那么多点子，推出那么多举措，做了那么多实实在在的工作。话说回来，该区当初拿出几千亩土地供大学城免费使用，单凭这一点也值得来自大学城的代表们表扬表扬政府，好让他们再接再厉，为大学师生以及社区做更多更好的实事。为了证明我的观点，我举了两个例子进行说明。

一是，十几年前，上海的两个区共同争夺大学城的落户，其中一个区提出土地转让费若干，失地农民几何，意思是希望市政府能够给予经济补偿才能让大学城在该区落户，一时谈判陷入僵局。这时候，该区领导积极主动，先是降低谈判筹码，只字不提土地转让费的事，接着还爽快地答应免费提供几千亩土地，结果一下子便解决了市政府面临的尴尬局面。结果可想而知，大学城顺利落户该区，而不是另外一个区。可以想象，当时该区的领导承受了多么大的压力，需要什么样的胸怀才能将此事办成。但十多年过后再回过头来看这一决策，的确让每个人都感觉他非常明智且有远见。上个月，当我有机会去另一个区做十八届三中全会的辅导报告时，不经意间从当地官员口中听闻当初该区没有让大学城落户的那种埋怨与后悔劲，马上就感受到了眼光和智慧在政府实际管理工作中的极端重要性。这一事情也让我再次体会了经济学中短期理性和长期理性之间的矛盾和反差这一经济学原理。的确，能够看清短期与长期之分并明白这些简单道理的人现实中可能并不太多。

我举的第二个例子是大学城周边房产业的兴起，特别是大批高素质的教授、专家、高技术人才、博士等人才在该区的入住，本身就表明该区过去这些年的人才工作是非常成功和值得鼓励的。原因很简单，市场经济条件下，市场主体包括企业、居民对居住地、工厂的选址基本上是“用脚投票”，其结果当然就是他们真实偏好和选择的自由表达。事实的确如此。1999 年，该区常住人口 49.28 万，平均每平方公里 815 人，居全上海区县倒数第四。短短的十三四年时间，到了 2013 年，该区的常住人口已达到 169.84 万，平均每平方公里人口已经增加到 2804 人，已经上升到了上海的倒数第五，非常接近于嘉定这个汽车城的水平。

我举的这两个例子只是想说明一个问题，政府人才工作需要的是眼光，需要的是长远的谋篇布局，而不是短期的工于心计或者心血来潮。对此，我们的政府管理部门应该心中有数，听到我这样的发言，当然也应该是满意与自豪。

其次，该区人才工作的潜力还是很大的，但值得注意的是，政府和各级部门也不能对过去人才工作的形势和成绩过于乐观，因为留给他们人才引进的战略机遇期并不会太长。

为什么说潜力很大？主要是指目前上海或者上海一个区县吸引人才的潜力仍然很大。从全球看，大量的海归回流，趋势仍然比较乐观。从国内看，“孔雀东南飞”的现象还没有根本变化。像上海这样的国际大都市，包括像该区这样山清水秀、拥有最长历史底蕴的大区仍然具有吸引大量人才进驻该区的自然、地理和文化优势。但该区的领导也要清醒地认识到，大量海归回流，大量国内人才“孔雀东南飞”的时间将不会太长。据我个人的保守估计，这种趋势持续的时间大概最多不超过八到十年。随着广大中西部地区的崛起，就业和发展机会的增多，基础设施的不断改善，当地人才工作意识的加强，这样的大好机遇很快就会消失。在这里，我举的例子是西南财经大学近年来的快速发展态势。在2008年以前，这所大学的人才不断向中东部地区流动，但近几年，随着东部地区生活、学习和住房、商务成本的不断上升，机会开始不断减少，竞争也变得日益激烈，于是劳动力市场上已出现了一股人才逆向流动的趋势。很多回流国内的“海归”，已不再选择在东部地区就业，相反却回到了位于西部地区的这所大学。当然，这所大学领导的超前眼光、对经济形势的敏锐把握以及及时有效的政策调整也是导致这些人才能够回流该校的必要条件。

我之所以举这样一个例子，目的是想说明造成人才流动的主要因素恐怕绝不仅仅是金钱、资金等经济因素，而更可能是机会与事业。或者换句话说，主要就是环境，或者说是一个所谓的环境集合。这个环境集合将包括些什么样的因素呢？根据我的了解，我认为，因素之一是工资、待遇、科研启动经费等等，但这个恐怕并不是唯一条件。因素之二就是发展的机会、发展的空间。我发言到此，一位副区长插话说，“非常正确。我们要吸引人才，留住人才，靠的就是四条途径，所谓感情留人，事业留人，待遇留人，环境留人”。我正面回应说，完全正确，这就是我要说的因素之三，也就是环境留人。什么是环境呢？我认为，目前东部地区所谓的环境恐怕就是教育和医疗。孔雀为什么会东南飞，而不是西北飞？原因并不单单是东南边空气湿润、气压低，而更可能是其优质的教育和医疗资源。如果教育资源、医疗资源快速在中西部地区均衡化，恐怕上海吸引人才的环境就不再像现在这样诱人了。

说到这里，我这部分的结论主要是说，该区要吸引人才，要留住人才，恐怕只有一个途径，那就是吸引更好的初等、高等教育资源，配置最好的医疗资源，至少在这两方面不能落后于市区，这样就能在一段时间内保持吸引人才的良好环境，也能够留住很多的优秀人才，否则，仅仅从资金、待遇方面着手，恐怕是难以抓住人才问题的关键。至于该区政府主管部门担心的一些事情，比如，吸引更好的初等教育资源，可能会在一定程度上弱化本区政府教育主管部门的权力，打破了区内少数优势学校的教育垄断地位，但从长远看，则会大大增加该区内教育资源之间的竞争，提高该区教育资源的整体实力，强化其在上海乃至全国的竞争力。

其实，我说该区人才工作潜力大，还有另外一层意思，那就是告诉政府管理部门，他们所做的很多工作虽然很辛苦，提供的服务很多，但与市场的需求相比仍然有很大的差距。为了说明这一点，我举了大学城7所大学的例子来说明。

根据我的调查与分析，大学城7所大学中仅有两所与该区现有的第二产业为主的产业结构是匹配的，而其余五所高校都是所谓的文科院校，其所培养的人才与该区的产业结构现在看来还很不匹配。但这并不是说，该区与大学城高校之间的互动这扇大门关闭了。相反，这扇大门可能还远未开启。

无论是该区政府部门还是大学城的各个高校，尽管从行政级别上来说，绝大多数高校可能与该区政府是平级，有的高校甚至是教育部直属高校。但我的观点是，这些行政级别绝不应该成为政府各部门与高校强化互动关系、加强产学研合作的障碍。我列举的区校互动合作的通道主要包括：一是，职业培训、教育培训、人才培训的大门始终是开放的。比如该区完全可以和大学城的任何一所高校建立人才培训的合作项目，根据大学城各高校的优势，致力于外语、外贸、会计、营销、艺术、影视、管理、机械、工程、制图、材料等领域的培训。二是，可以合办中学、小学甚至幼儿园，或者合资兴办教育机构，强化教育合作。比较成功的例子是，该区政府和外国语大学合作举办的某某外国语学校，目前已经获得了社会的广泛赞誉，得到居民和各阶层人才的欢迎。三是，区政府与大学合作建设科技园，吸引各类高科技或者创新型、知识型或者中小企业入驻，为他们提供科技或者技术指导，提供创业和融资方便；四是，为高校提供大学生、教师提供实习基地，见习基地或者挂职锻炼的机会，以此强化大学城人才与区政府、企业之间的互动。

最后，我发言的要点是，政府提供的很多人才资金支持、津贴发放、住房优惠，的确是可行的。但政府在出台这些政策之前，应该强化需求导向的调研工作，多掌握人才、群众对这些政策的意见、建议或真实想法，这样就更具针对性和操作性。因为目前政府管理工作中最常见的问题是，政府做事情往往一厢情愿，结果政府吃力做的“好事”到最后却没有得到社会或者人才服务对象的正面回应，这对政府下一步的工作是非常不利的，对于各级政府的相关工作以及服务对象来说也是不利的。其实，根本的问题就是政府管理部门工作思路出了一点问题。

问题到底在哪里？我认为逻辑也许是这样的，即政府做一件事情，如果要进行多次调研，这件事情很可能会做不成，原因是大家意见纷呈、很难统一，或者事情最终可能能办成，但干事效率很低，时间成本很高。相反，如果不调研，大家都不知情，好处是办事效率高、成本更低，但结果很可能是政府出力不讨好。应该说，这是个两难问题。政府在这二者之间到底该怎样进行权衡呢？我的建议是，宁肯要质量、要效果，而不要速度和效率。原因是与其速度快、效率高而质量差，还不如速度慢、效率低一点，而服务质量大大提高和老百姓的满意度大大上升。十八届三中全会明确指明，建立廉洁、高效、人民满意的服务型政府是未来的基本方向。十八届三中全会还明确指出，深化改革的总目标是政府治理能力和治理体系的现代化。我想，我以上的建议就应该是其题中应有之义.

身为教师，出来发言总是三段论，似乎有点老生常谈。但是与会的两名副区长、人保局局长、副局长、组织部、财政局、教育局领导、政协主席、副主席、政协常委在听过我的发言后纷纷表示赞同。其实，我也不知道，大家的赞同是真的同意还是做出的一种表面回应。但无论如何我很清楚，是人民政协给了我们这样一个难得的与政府主管部门、相关领导，面对面、直接交流沟通的机会和平台，凭着组织上赋予我的政协委员的资格，凭着我的民主党派身份、凭着我的专家学者身份，我畅所欲言、无所顾忌。

会议结束出来的路上，副区长碰到我，跟我握了握手，顺便说了一句：“你刚才讲得很好。”旁边一位教育局的副局长与我同路，一边走一边说：“在人才与教育方面，您是专家。”我回答说：“哪里，哪里，其实我只是说了我思考过、有感触、想说就说的话，我并不是专门的教育或人才专家。”接着，大家挥手告别，参政议政会议就此圆满结束，我骑着我的老坦克自行车回家，其他人则开着各自的小轿车走了，这就是我作为政协委员快乐的一个下午。

（作者系上海对外贸易大学教授）

学问聊斋

什么样的新科经济学博士更可能取得学术成功？

/皮建才

美国经济学会主办的《经济展望杂志》（Journal of Economic Perspectives）2014 年夏季第 28 卷第 3 期发表了经济学教授 John P. Conley 和讲师 Ali Sinaönder 合作的论文《新科经济学博士的研究生产力：令人意想不到的成功博士候选人的高不成功率》（The Research Productivity of New PhDs in Economics: The Surprisingly High Non-Success of the Successful）。

他们的研究发现，在以北美（美国和加拿大）为样本的大学中，大约只有排到前 10% 到 20% 的学生能在毕业后六年内取得出色的学术成绩，[1] 即使是在学生学术研究能力最顶尖的五所大学（麻省理工学院、哈佛大学、普林斯顿大学、耶鲁大学和罗彻斯特大学），仍有 50% 左右的学生在学术研究方面不够成功。这个发现表明，无论是在什么样的大学，都只有少数非常优秀的新科经济学博士才能取得学术成功（academic success）。作者问的问题就是："一个学生要被一个顶尖大学的博士项目（PhD program）录取，就需要有很高的评分，近乎完美的考试成绩，要有强有力和可信赖的推荐，并要能把这些东西以能够让录取委员会眼前一亮的方式包装出来。所以，一个成功的申请者必须是用功的、聪明的、训练有素的、有见识的、有雄心的。这些优秀的学生，在进入博士项目的时候看上去做了所有正确的事情，并且成功完成了博士学业，但是为什么他们作为研究者的职业生涯上成绩却不够优秀呢？到底是录取委员会和教授的问题呢？还是学生自身的问题呢？"[2] 这个问题的背后实际上就暗含了作者

[1] 作者之所以选择毕业后的六年之内，可能跟国外大学以及国内大学国际常任轨的考核周期有关，新科经济学博士要想在一所学校留下来，必须通过两关考核，三年一小考，六年一大考，在六年之内必须在规定的高质量学术期刊上发表规定数量的论文，否则就要"卷铺盖走人"。六年的大考是一个硬约束。

[2] 需要说明的是，笔者在这里的翻译借鉴了网络上广为流传的文章《如何成为一个成功的经济学研究者？进入顶尖大学不是必要条件也不是充分条件》（http://bbs.pinggu.org/thread-3183388-1-1.html）。笔者在看到这篇网文后，又下载到了英文原文来阅读，遂产生了写作本文的强烈想法。这个问题也是笔者一直以来长期关注和思考的问题，笔者曾经就这个问题发表过系列茶座文章，其中包括《经济学家茶座》2008 年第 4 辑（总第 36 辑）发表的《经济学里的"学术英雄"》、《经济学家茶座》2008 年第 6 辑（总第 38 辑）发表的《经济学里的"阿塞莫格鲁现象"》和《经济学家茶座》2012 年第 2 辑（总第 56 辑）发表的《"士兵"如何"突击"——中国本土经济学博士的学术生存技巧》。

起的副标题——令人意想不到的成功博士候选人的高不成功率。

作者给出了三个可能的解释。第一个解释就是，会考试的人不一定会做研究，录取委员会根据考试成绩衡量申请者是否优秀可能有失偏颇，除了考试能力以外的其他能力（比如，创造力、自我驱动力和拓展学术交际圈的能力）也很重要，而这些能力很难被录取委员会甄别出来。说得难听一点就是，有很多看起来成功的申请者实际上是“高分低能”。第二个解释就是，新科经济学博士在工作后得到新同事的指导和培养并不是一样的，有些新科经济学博士得到的指导和培养比较多，在工作中学习（learning-on-the-job），在学习中成长，发现了值得自己研究的子领域和新课题，从而在初期就有论文在比较好的学术期刊上发表，结果形成了良性循环。说的简单一点就是，工作平台和同事的正向影响非常重要。第三个解释就是，教授在自己认为最优秀的学生身上倾注了更多的时间和精力，并给他们更好的项目和资源，而且这些学生为了保住自己的优势地位，也会更加拼命、更加努力，结果就是强者愈强。说得直白一点就是，学生在教授心目中的相对排名非常重要。

第一个解释提到了学生某些能力不具备的问题，这些能力可能在短期之内很难提升上来，甚至有些能力是天生的，不好改变。当然，长期来说，只要可能，新科经济学博士还是要努力提升这些自身欠缺的能力。第二个解释提到了工作平台和新同事的影响问题，给定新科经济学博士找工作时的学术能力，这些影响都是跟运气有关的东西，用老百姓的话说就是，“得之我幸，失之我命”。一旦签约，在短期之内，新科经济学博士是不能随便改变他的工作平台和同事的，正外部性不是谁想要就能要到的。当然，有时候，新科经济学博士可以通过访问和交流等途径，努力寻求正外部性。第三个解释说的是学生在同门师兄师弟师姐师妹中的相对排名问题，经过刻苦努力可以提升自己在导师心目中的相对排名，有可能获得导师的青睐，这个是可以改变的，但跻身到最优秀之列是比较难的，强者愈强的累积效应不是一下子就可以被破掉。并且，新科经济学博士已经毕业，“脐带”已经“剪开”，也不能老靠导师来“输送营养”。

除了以上三个解释以外，笔者认为可能还有其他因素也很重要。在这里，笔者打算重点谈一谈研究策略、合作策略和领域选择，这三个因素都是新科经济学博士自己可以改变的因素，这种可以改变的因素要比那些不能改变的因素来得更为重要。那些不能改变的因素只能看成是给定的，而那些可以改变的因素则是新科经济学博士大有作为的地方，新科经济学博士可能会因为这些改变而“大放异彩”，最终取得学术成功。

首先，我们来看研究策略。很多好大学毕业的新科经济学博士往往会选择顶级经济学期刊作为自己的攻克目标，这个是可以理解的。但是，这样做的风险很高，很有可能在毕业后的六年之内“颗粒无收”，一旦“久攻不下”容易产生挫败感和丧失自信心，所谓“哀莫大于心死”。所以，研究策略会发挥重要的作用，就像田忌赛马的故事里讲的那样，研究者变换一下策略就有可能变“输”为“赢”。笔者在这里总结出了一点，那就是要先小后大，循序渐进。新科经济学博士可以先写能够发表的“小”论文，而不是上来就想要“一口吃个大胖子”。当然，“小”也不是无限小，而是能够满足学校考核要求的“小”论文，能够为后面写“大”论文做铺垫的小论文，这种“小”是“以退为进”，看起来像是“退”，实际上是在“进”，一步一个脚印往前走，功到自然成。正所谓，“不积跬步，无以至千里；不积小流，无以成江海。”举个例子，我们发现作者在折算的时候是按照《美国经济评论》等价论文（American Economic Review-equivalent papers）来进行的，5篇《经济学快报》（Economics Letters）等价于1篇《美国经济评论》，新科经济学博士可能一上来发表不了《美国经济评论》，可以先试着发《经济学快报》嘛。当然，如果连在《经济学快报》发表也有难度，可以先发表在6到10篇顶1篇《美国经济评论》的高质量领域期刊（high-quality field journals）上，这样的领域期刊有很多，新科经济学博士总可以找到一“款”适合自己的吧。

其次，我们来看合作策略。现在经济学研究越来越讲究合作。譬如，你随便翻开《美国经济评论》最新的一期（2014年第104卷第9期），你就可以发现合作的论文占全部论文的80%以上，12篇论文中就有10篇是合作的。再譬如，你随便翻开《计量经济学》（Econometrica）最新的一期（2014年第82卷第4期），你可以发现所有发表的10篇论文全部是合作完成的。新科经济学博士在选择合作者的时候，需要选择那些“下手快”“发表多”的研究者，这样的研究者在速度上和经验上都有保障，有助于弥补新科经济学博士在某些方面不具备的能力。如果实在找不到这样的合作者，或者说这样的合作者不愿意带新科经济学博士一起“玩”，那么新科经济学博士还是要在潜在合作者中尽可能选择做事效率比较高的合作者，而不是那些磨磨蹭蹭、慢腾腾的合作者。合作的过程实际上是一个分工的过程，你负责这一块，我负责那一块，合作可能减少个人的工作量，但是合作中有一个协调问题，做得快的必须等做得慢的。一旦做得慢的拖拖拉拉，做得快的也就只能干着急了，有发表任务在身的新科经济学博士等不起也伤不起。更要命的是，一旦做得慢的把他的坏习惯“传染”到了新科经济学博士身上，新科经济学博士也会在不知不觉之中变成一个“慢手”，这就是经济学里所说的“同伴效应”（peer effects）。

最后，我们来看领域选择。一般情况下，每个新科经济学博士都有几个研究领域，一个是主要的研究领域（简称“主领域”），剩下的是次级的研究领域（简称“次领域”），这种主次之分可能是你在读博士期间就形成了的，或者是按照自己的兴趣或者是按照导师的要求。但新科经济学博士需要注意的是，主领域有可能变成次领域，次领域也有可能变成主领域，这要依情况而定。如果新科经济学博士在主领域写不出有分量的论文，或者虽然写出了自己认为有分量但是审稿专家和编辑并不认账（比如，屡投屡败）的论文，那么新科经济学博士就需要暂时放弃这个主领域，把某个次领域选为新的主领域。但是，问题在于，新科经济学博士可能在老的主领域里投入了过多的时间和精力，一旦换到新的主领域里面，前面投入的时间和精力看起来似乎就没有任何回报了，甚至可以说是白白浪费掉了，考虑到转换成本，新科经济学博士有可能迟迟不愿做出决定，“该出手时不出手”，这种类型的优柔寡断是很多新科经济学博士不能取得学术成功的重要原因之一。这些新科经济学博士忽视了时间约束，忘记了六年内要在规定的高质量学术期刊上发表规定数量的论文。其实，领域转换只是暂时的，等后面等时间约束放松以后还可以重新“杀”回暂时放弃的主领域。就算是不能重新“杀”回以前的主领域，该“止损”的时候也要“止损”，有“舍”才能有“得”，生存比辉煌更重要，否则最后有可能像“温水煮青蛙”那样等到清醒时已无出路。总之，笔者认为，很多不能取得学术成功的新科经济学博士可能是因为在本该转换主领域的时候舍不得“割肉”，结果就一不小心“在一棵树上吊死”了。

我们在这里的分析是就事论事。有人可能会说，有些新科经济学博士可能根本就没有把发表看得太重，不是为了六年的大考而发表，不是为了发表而发表，而是一心想要把自己希望做的大东西做出来，“咬定青山不放松”，哪怕六年后换一所更差的学校去教书也在所不惜，我们不能排除这样的人能在10年内或20年内或更长的时间内取得学术成功。但是，这样“毕其功于一役”的人毕竟是少数。学术市场有可能淘汰“放长线钓大鱼”的人，这无疑是它的缺陷，但是学术市场也对这一缺陷进行了弥补，规定一旦某人取得终身教职，学校就不能再因为他学术发表不够优秀而辞退他。时间约束就类似于预算约束，学术市场的规则就是要防止出现“预算”软约束，否则所有滥竽充数的南郭先生都会通过欺世盗名的手段声称自己在研究世界级的大问题，需要很长的时间，结果自然就是到死也没有研究出有分量的成果。

（作者系南京大学经济学院教授）

法学与经济学的沟通：几句相互诉说

/ 陈屹立

法经济学是经济学帝国主义扩张中成果显赫的领域，它跟随着新制度经济学一起引入国内也已经二十多年了。但是目前国内法学与经济学在语言和沟通上依然还存在一些小问题。本人受过两个学科的一些教育，有所感受，想站在各自的立场上抱怨对方两句，希望这种关注能够促使两个学科更好的对话与融合。但尤其也请诸位不要对号入座，这种抱怨显然不是每个人、每篇文章都应该承受的，抱怨的也可能不对。

鉴于身在经济学院任教的身份，所以首先站在法学角度批评一下经济学。在很多法学研究者看来，现今国内经济学界的法经济学研究也跟主流经济学一样，充斥着各种模型，数理一大堆。这些对法学人士而言是有一定阅读障碍的，甚至有人批评到最后连个结论是什么都搞不懂。我相信，经济学再复杂，但问题提出和结论一定能够用法学读得懂的语言加以表达，让法学学者知道研究什么问题，得出什么结论。同时也更关注问题本身而不是推导的技术，尤其在面对面交流的时候要特别注意这一点。在这方面，可能还有时候觉得经济学学者用了很复杂的东西来论述一个常识性的东西，这在理论研究和经验研究中都能见到，以至于给人经济学没有提供新智慧的感觉。

个人觉得这种抱怨在一些研究上确实是符合实际的，但我也同情经济学学者，因为相信很多人也有苦衷。国内主流经济学数理化程度的长足进步使得大家不得不屈从于这个利弊不论的趋势。作为经济学的博士生，无论论文发表、博士论文写作，都应该会至少风格符合主流，毕竟这是保险的办法。作为一般教师，需要发文章、评职称、得到经济学圈内人的认同，如果做规范法学的套路也确实不入经济学主流。尽管一些学者已经完全没有了这些顾虑，却大多在乎在圈内的名气和声誉，所以也没有多少经济学者有多大积极性去写法学风格的文章。尽管学术只关质量不应论风格，但相信每一个杂志都有自己的取向，一个学科也有自己的特点，所以跨域起来还是多少有些障碍，也少有人主动去追求越界。虽然确有少数学者在法学和经济学界都赫赫有名，来去自如，但他们也大都起于某一个学科，如今大都也还依然主要耕耘于某一个学科，后来自然而然延伸于其他学科。而且能够达到这种境界的学者毕竟也是少数。

经济学的第二个问题是目前一些研究对法律规则还不够深入，基本停留在比较大的方面，得到的结论大多也是些原则性的，制度设计还很粗糙甚至考虑远不周详，没有深入到细致法律规则。尽管提出了一些分析和见解，却还远未到能够直接为法学所用的地步，给人隔靴搔痒的感觉。而法律是要拿来用的，不能够留大量的死角和空白。当然，这其实是对经济学报以更大的期待。

第三个批评是，经济学偶尔完全不顾及现有的法律框架和法律体系，有时无视基本的部门法划分，不顾及法学对一些术语的界定和运用，有时候也没有照顾到英美法系和大陆法系的一些基本差异，这些研究会让法学的学者感觉不亲近。

在法学这边，对法律问题的把握我认为总体上显然要超过经济学人，他们知道这个问题应该归入什么地方，应该在什么限度内以什么语言进行讨论，方才能够得到法学界的认可和接纳。不过法学学者整体性的劣势就在于对经济学方法的掌握上。法学还存在极少数依旧生搬硬套经济学的情况，这让法律的经济分析显得不够深入。另外，部分研究对文献的梳理显得有些欠缺，喜欢对经典论文（尤其比如科斯的《社会成本问题》）拿来解读一番，感觉自己有独到感悟，但其实有些国内外都已经讨论很久了。不过总体来看现今已经比早些时候有进步，部分法学学者的经济学领悟力和分析能力是让人佩服的，能够深刻洞察法律背后的经济学机制。

交流中存在摩擦和抱怨都是正常现象，各自有各自研究的历史基础、语言风格、现实约束和研究目标，也不要期待能够瞬间解决交流中的问题。只要我们不断地对话与交流，我们总能够逐步理解对方的语言和研究风格。尤其是如果经济学和法学的人合作研究，能够让经济学方法运用得地道的同时把语言写得法学的人看得懂，也能够把法律规则定位更精准，问题限制得更具体，能够为法学的人所接受。

目前，据我所知一些法学院系开设了高等数学或者经济学基础之类的课程，相信随着教学的进步，科学研究的进步当是可期待的，法学和经济学也能够融合的越来越好。

（作者系西南政法大学经济学院副教授）

经济学：历史中的摇摆与演进 / 辛 超

经济学作为一门社会科学，它的社会性突出表现在，在扬弃与传承的同时，经济学深受社会经济发展的影响，经济思想是对现实的反映。

根据弗兰克在《白银资本》一书中的观点，在 1800 年以前，以中国和印度为核心的东方一直是世界贸易体系的核心。在大航海时代之前，无论是陆路还是海路，东西方贸易基本由阿拉伯人和波斯人所垄断，东地中海沿岸商业繁荣，而西欧尚处于世界的边缘。从 15 世纪开始，葡萄牙加速进行海上探险，希望从海上建立一条通往东方的贸易之路。他们沿着非洲西海岸陆续占领了许多岛屿和据点，1488 年迪亚士绕过南非好望角，1498 年达伽马抵达印度，正式打通了东西方航线。1492 年刚刚成立的西班牙王国与葡萄牙竞争，资助哥伦布探索通往东方的航线，结果意外发现美洲新大陆。新大陆为西班牙带来了大量金银，导致西班牙的金银价格严重低于他国，金钱大量外流。伴随着东方航线的开辟以及西班牙白银的润滑，西欧诸国转入海洋贸易竞争，重商主义思潮迅速兴起。早期的重商主义视金银为财富，对金银外流做严格限制，后期重商主义虽然对进口有所放松，但依然强调出超和金银的净流入。这一时期，西班牙、葡萄牙、荷兰、英国等国家均在国家主导下开拓殖民地、竞争东方贸易（英国皇室甚至大做“海盗生意”），英国采取了多种措施扶持本国产业发展。18 世纪中后期，重商主义受到了以亚当·斯密为代表的古典学派的反对，斯密在《国富论》（1776 年出版）中强调一国的财富不是金银而是产品，特别是工业产品及其生产能力。斯密主张自由贸易，并提出了各国按绝对成本优势进行自由贸易。斯密还认为，英国当时雇佣工人最多的毛织品业、鞍皮业、铁器业等制造业，已经具备“绝对优势”。但即便如此，英国政府依然没有听从斯密的建议，因为政策的真正制定者是议会里的各方势力，英国依然禁止技术外流，维持关税壁垒，禁止印度向英国出口棉织品，阻挠美国发展自己的制造业。直到 1846 年废止《谷物法》，才标志着英国真正转向自由贸易[1]。

---

［1］张夏准．富国陷阱：发达国家为何踢开梯子［M］．北京：社会科学文献出版社，2009.

面对英国优势商品的竞争，自由贸易显然不符合后起国家的胃口，美国和德国即是代表。汉密尔顿和李斯特等人提出了“保护幼稚产业理论”[1]，要求国家保护新的制造业、扶持它们参与世界竞争，而美国也确实是这么做的，后来的日本和韩国等国家也是如此。严格讲，这套理论在时间上诞生于英国贸易保护主义的末尾[2]，因此不应被视为对当时主流贸易政策的违背。“保护幼稚产业理论”成为后来发展经济学的重要思想来源，但在当时，这些思想显然没有被古典经济学接受——即使今天也未获得新古典主流的认可。

1870年代发生“边际革命”之后，经济学正式进入新古典时期，1890年马歇尔出版《经济学原理》标志着新古典微观经济学形成了比较完整的理论体系。新古典微观研究的重点是定价、交换、分配，在边际分析范式下，工资、利润、供给、需求、均衡都得到了良好的解释，自由放任下的市场会自动实现均衡并实现配置效率。对于政府的作用，虽然马歇尔支持政府干预垄断以增加产量，支持政府对报酬递减行业的商品征税并补贴报酬递增行业的商品生产，但认为这仍“不能成为政府干预的适当理由”；面对德国的迅速崛起，马歇尔肯定了德国政府对德国经济发展的推动作用，但他十分强调德国社会与民众的特殊性，认为德国经验虽然对英国有借鉴意义，但不会十分适合，他更强调在社会改良方面英德两国“值得互相学习”；对于收入分配，他认为将高收入者的部分收入转移至低收入者能够增加社会福利，但是反对更为激进的集体主义措施，认为那会更多地损害社会繁荣，他相信“国民收入的分配虽有缺点，但不像一般所说的那样多”。在马歇尔之后，新古典微观将研究重点放在交换和分配领域，这种研究重心的阶段性转向在庇古和帕累托对福利经济学的研究中得到了鲜明的体现。

1929年暴发的经济大萧条，沉重打击了新古典微观经济学的教条。在美国“新政”的渲染下，凯恩斯发表《通论》，标志着宏观经济学正式崛起。凯恩斯的有效需求不足和政府干预以熨平经济周期的思想主导了整个20世纪五六十年代。在《通论》的广泛影响下还诞生了哈罗德－多马模型，该模型本身是对凯恩斯宏观经济理论的发展，但是模型中的缺陷引致了索洛－斯旺模型的出现，索洛－斯旺模型引入了资本与劳动可替代的CD生产函数，在储蓄率外生条件下给出了稳定均衡解，标志着新古典增长

[1] 与汉密尔顿和李斯特同时代的其他一些学者也提出了类似观点，如德国的亚当·穆勒，法国的吉恩·安托万·查普托和查尔斯·杜平。

[2] 汉密尔顿（1757~1804）：他在《关于制造业的报告》（1791）中首次提出保护幼稚产业。李斯特（1789~1846）：他的代表作《政治经济学的国民体系》出版于1841年。

理论崛起，而20世纪80年代以来的内生增长理论则将增长来源内生化，大大增强了增长理论的现实解释力。在增长理论中，政府的作用主要被定位于促进教育和研发、提供公共基础设施与服务。

发展经济学的崛起时间与增长经济学接近，但二者的发展却有着巨大差别。在早期的或称第一代发展经济学中，经济学家主要从市场失灵（如Rosenstein-Rodan就市场协调失灵提出"大推进"理论）、发展阶段升级（以罗斯托的增长阶段理论最为著名）、产业结构高级化（以库兹涅茨、钱纳里等的研究为代表）、国家间不合理的产业分布（如以"中心-外围"理论为代表的国际依附理论）等角度强调国家与政府的作用，重视投资、尤其重视投资工业特别是重工业。发展经济学的这种关注，一方面，是因为发达国家的历史统计数据已经能够显示经济发展的这种大致的规律性；另一方面，凯恩斯宏观大行其道、苏联工业化成绩斐然、欧洲和日本战后迅速崛起、广大落后国家在二战后取得独立并迫切渴望发展，这种时代背景明显影响了发展经济学。当时，自负道德优越感的热血经济学家和憧憬发展奇迹的政治家们一起，为众多疲弱的经济体开出药方，药方里以政府主导工业投资为核心，以扭曲性政策为手段，强调经济独立与完整性，并通过发展进口替代产业以减少发达国家的"掠夺"。

但到20世纪70年代（及以后），这些政策没有取得预期效果，无论是社会主义国家还是拉美国家，普遍遭遇了发展失败，东欧和苏联更是走向解体——在学术界，这是新古典主义的辉煌胜利。在此背景下，伴随着资本主义国家的自由化改革（以里根和撒切尔夫人的经济自由化政策为代表），新古典经济学树起了"华盛顿共识"大旗，而道、汉科和瓦尔特斯则召集了20多位经济学家顺势掀起一场发展经济学的新古典"革命"，在《发展经济学的革命》一书中，自由主义者们重申私有产权、市场经济和自由贸易的重要性，摈弃了产业政策、价格扭曲和国际援助等[1]。

在20世纪90年代，休克疗法给原苏联各加盟共和国和东欧原社会主义国家带来了巨大创伤；拉丁美洲的财政、货币与金融危机此起彼伏；1998年东南亚爆发金融危机。这些重大事件给经济学界带来了新的认识冲击。这些国家在危机之前，都已走在经济自由化的道路上，特别是东南亚国家，已取消了大部分金融抑制，实现了相当程度的金融自由化。伴随着对这些危机原因的重新思考，发展经济学"左"、右两派的

［1］这本书中有很多正确并重要的思想，但是也充斥着选择性分析。书中存在大量以偏概全的分析方法，影响了分析的客观性和真实性，导致很多论点要么不够稳健，要么偏离要点，这些缺点在反对国际援助的章节中表现得尤为明显。

力量悄然发生了调整。

对于这些危机的原因，新古典主义的铁杆信奉者，作为经济学中的右派，依然从非市场因素出发，批评政府不当的财政、货币和汇率政策，指责腐败与裙带资本主义等，一言以蔽之，这些国家虽然在走向“华盛顿共识”，但问题在于还不够完善。可是，众多经济学家，包括之前主张取消金融抑制、尽快实现金融自由化以促进增长的麦金农，都认识到单纯的市场化和自由化不会自动实现平衡稳定增长。事实上，落后国家较脆弱的经济体系易受外部冲击影响。在 2013 年 6 月份，美联储发出准备退出 QE 的信号，受此影响新兴经济体遭受了严重的资本外逃，其汇率、通胀、产出受到严重冲击。这次国际金融波动再一次表明，即使是金砖国家，突发性的资本集中流出也足以导致国内经济不稳。在这样的环境下，自由放任政策是不可靠的。

2008 年以后的全球经济危机终于再一次暴露了市场的本来面目，当经济脆弱性积累到一定程度时，市场会用一场“高效率”的危机来清洗掉错误。此次危机暴露了过度金融自由化的弊端，政府监管的必要性得到重视。危机使新古典思想受到严重冲击，虽然在当前经济学研究中新古典方法依然是主流，但是在接下来的几年，伴随着欧美经济的复苏进程，发达国家的增长问题会吸引大量关注，彼时“新古典反思”会更加深入，而新古典“左”派观点将得到更多发展。因此未来经济学会持续呈现“向‘左’微倾”的趋势。

现在的经济学“左”派，虽然强调市场失灵，但是与第一代发展经济学家们相比，对政府政策的迷信已经基本消失，他们反对可能导致经济整体失衡的激进政策和过分扭曲，并且特别重视增长（发展）诊断，强调政策应该对症下药（如萨克斯、罗德里克）。他们强调政府的主要任务是克服市场失灵，而以林毅夫为代表的学者认为政策要基于国家要素禀赋和比较优势。

当代发展经济学的分歧焦点在于政府作用。“左”派强调市场失灵，支持政府适度干预；右派则强调政府失灵，认为政府就是问题与麻烦。两派观点实际上互有理解和共通之处，但在政策方面往往截然对立。在图 1 中，我将自己最近读过的一些发展经济学著作与思想按“左”右偏向进行了梳理。图中所列学者或思想的首字（母）的位置严格反映了我对他们的判断，但是不能希望从图 1 中看到某种分布，因为图中所列只是学术界很有限的一部分，然而个人认为新古典“左”派的思想影响力正呈壮大之势。

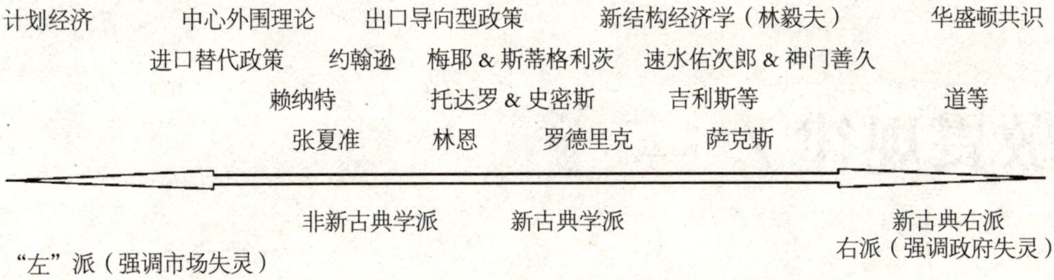

图 1　部分发展经济学思想和经济学家思想的倾向

（作者系中国社会科学院研究生院博士生）

敬畏规律 / 昝廷全

“经济学家对外输出的是政策主张，在其内部应当是扎实而系统的理论研究。”（昝廷全，1997）这句话是针对当时一些所谓的经济学家面对中国经济实际随意发表不负责任的“意见和建议”而提出的，其本身并没有多少新意。经济学家“在其内部应当是扎实而系统的理论研究”的目的是为了发现事物的规律和“自然秩序”，然后在此基础上提出政策主张和政策建议。所谓“自然秩序”，就是政策和法规作用对象的内部关系。这种从“规律和自然秩序”到提出“政策主张和政策建议”的逻辑程序是每一个经济学家都应当自觉遵守的。否则，经济学家首先就违反了自然规律。

从经济学发展的历史上看，古典时期的经济学家都是这样做的。布阿吉尔贝尔（1646–1714）——马克思称其为法国古典经济学的创始人——已经感觉到各种商品的比价是在市场上自发形成的。“只有大自然能够安排这个秩序并维持和平；其他的权力，尽管出于善意，如果要过问其事就会全盘搞坏”。由此可以看出，布阿吉尔贝尔正是基于对经济自然秩序的认识而提出他的政策主张。他认为，合理的价格之比是经济发展之根本，因此拒绝任何形式的国家干预经济。魁奈（1694–1774）是法国重农主义学说的代表人物，1758 年出版了著名的《经济表》，其目的就是为了寻找“自然秩序”，并在此基础上提出了他的政策主张。魁奈对现代经济发展的主要贡献，不是《经济表》揭示出来的国民经济运行图示及在此基础上提出的具体政策主张，而是他得出这个图示及其政策主张的逻辑方法。

与魁奈同时代的思想家孟德斯鸠在 1748 年出版的《论法的精神》指出：“从最广泛的意义来说，法是由事物的性质产出来的必然关系。从这个意义上说，一切存在的事物都有它们的法：上帝有它的法；物质世界有它的法；高于人类的智灵们有它们的法；兽类有它的法；人类有他的法。”魁奈所说的自然秩序就是经济的自然法。

根据经济基础与上层建筑之间关系的规律，社会主义的经济基础是商品经济。1949 年新中国成立时，中国的经济基本上还处于封建社会的自然经济阶段，客观上属于列宁和斯大林所说的新民主主义阶段。但是，有些犯了“‘左’倾幼稚病”的人认为，共产党既然已经掌握了政权，中国社会已经是无产阶级专政的社会主义社会了，用不着新民主主义阶段。因此，出现了“一天等于二十年的大跃进”，刮起了“共产风”，这种“‘左’倾幼稚病”愈演愈烈，最后引发十年动乱的“文化大革命”，使中国社会几乎陷入了全盘崩溃的边缘。这是不尊重社会发展阶段规律、拔苗助长的沉痛教训。中国改革开放30多年来取得了举世瞩目的成就，其成功的秘诀就在于顺应了社会发展的基本规律。

周武王封赏是较为久远的有关敬畏规律的故事。中国周朝的周武王打败纣王之后广行封赏：把齐国封赏给姜子牙，把鲁国封赏给他的弟弟周公旦，同时命令他们去自己的封地完成治理的规律，然后继续回朝廷任职。姜子牙只用了三个月就回到了朝廷报道，而周公旦经过多次催促，一年后才回到中央。对于姜子牙这么快就完成了封国治理，他的回答是顺应民情，与民方便，规章制度简单明了，所以很快就完成治理。而周公旦认为，治理一个封国是一个很复杂、长期的工作，国家治理要靠“礼制”，这是要制定各种礼仪制度，然后要让人民懂得并遵守礼仪。所以，要进行长期的教育，一年时间根本不能治理好封国。这个故事的结果可想而知。实际上，这个故事给出了“由规律（自然秩序）到规则与法规制定”这一逻辑规则正、反两个方面的例子。

在英国，继配第之后又出现了一个伟大的经济学家亚当·斯密（1723-1790）。亚当·斯密1767年回到自己的故乡小镇，“十年磨一剑”，隐居十年之后，于1776年出版了一部伟大的著作《国富论》。《国富论》是西方历代以来经济学说思想之集大成者，将其系统化为经济自由主义思想。在此基础上斯密提出的政策主张是，经济活动可以不需要政府干预而成功进行。亚当·斯密的思想具有两个基本的理由：第一个理由是，参与经济生活的每个人都追求自己的最大利益，这也是最基本理由；第二个理由是，参与经济生活的人对自己的经济活动能做出比任何其他人更正确的决策。因此，每个人都追求个人利益最大化的同时，也促进了社会资源的最优配置和社会利益的最大化。由此，斯密反对政府对经济的任何干预。后来，世界经济发展的历史表明，完全放任的经济自由主义可能导致人们不希望看到的经济后果。1929年的经济大萧条，是完全放任的自由经济主义发展到极致的结果，使其缺点暴露无遗。由此，主张国家干预经济的凯恩斯学说正式登场。从系统经济学的观点来看，斯密的思想至少有两个方面的局限：第一，即使每个人主观上都追求自己的个人利益最大化。从客观上讲，由于个人知识的局限，其所做的决策不一定真正对自己最优，其所犯的典型错误可以形象地表述为“只见树木，不见森林”。而且，以追求个人利益最大化为第一目标也不符合系统主义价值观，即个人利益最大化只有在整体利益最优的背景下才能实现和得到长期保证。第二，斯密从个人利益最大化推及全社会利益最大化的做法忽略了不同层次的区别，从个人过渡到全社会中间需要经过很多层次，每个层次都有自己的特点和规律。他根据经济层次“看不见的手”的原理推出“小政府”和政府作为“守夜人”角色的结论，混淆了经济和政治两个不同的层次。政治是比经济更高的层次，政治层次任何微小的变化都可能引起经济层次的结构性反应。

从现实意义上讲，我们更欣赏 20 世纪 30 年代发端于德国的“经济自由 + 秩序”的新自由主义思路。

（作者系中国传媒大学中国系统经济学研究中心主任，教授，博士生导师）

漫谈生产性服务业 / 王信东

国务院近日印发《关于加快发展生产性服务业、促进产业结构调整升级的指导意见》，必将促进生产性服务业这一许多人不太熟悉的产业，加快该产业对中国经济和百姓生活产生重大的影响的步伐。

一、生产性服务业的产生与发展

“生产性服务业”概念20世纪70年代才有学者明确提出（1975年，Browning和Singelman在对服务业进行功能性分类时，最早提出了“生产性服务业”的概念），目前各界对其定义虽有一些不同的描述，但可以大致理解为：从制造业内部所属的生产服务部门分离并独立发展起来，主要为制造业生产经营主体提供其生产所需服务的产业。从更为通俗的角度看，如果说制造业是能够为消费者有偿地做一个“物品”，则服务业便是能够为消费者有偿地做一件“事情”。人们的日常生活不仅需要制作许多有形的“物品”以满足各方面的需求，还需要处理许多无形的“事情”以满足各方面的需求。在生产力十分低下的情况下，人们所需要的这些“物品”和“事情”只能自己亲自来做，即所谓“自给自足”式的生产和生活方式。当商品经济产生和存在需要的两个基本经济条件，即“社会生产形成了分工和生产资料及劳动产品属于不同的所有者”具备之后，制造业和服务业便产生并发展起来。在社会生产力不高、社会分工程度不高的情况下，人们（消费者）需要他人（服务企业）帮忙（有偿）所做的“事情”主要集中在生活领域，服务于消费者个人生活事宜的处理，所以我们早已熟悉的生活性服务业早就出现并早已成为社会产业结构的重要组成部分，对社会经济发展和人们的生活发挥着重要作用，以至于当时人们所说的服务业主要指的便是生活性服务业。可以看出，生活性服务业是人们家庭处理“事情”功能的社会化分工协作的结果，生活性服务业与制造业的关联性不高，相互也几乎没有什么交互影响。随着社会生产力不断提高，社会分工程度不断提高，基于降低企业运行成本、提高企业应对市场变化的应对能力和提高企业综合竞争实力的需要，人们逐渐意识到，在制造业内部其组成企业运行功能的链条上（价值链），有许多“运行功能”也是需要由人们来做的“事情”，在“大而全、小而全”的企业运行模式下，这些“事情”都是由企业自己的人来“做”的；在企业虚拟化经营的模式下，这些“事情”是可以转由企业外部的其他企业来“做”，即人们通常所说的“外包”，于是生产性服务业便出现了。可以看出，生产性服务业是制造业处理“事情”功能的社会化分工协作的结果，生产性服务业与制造业有着非常紧密的关联关系。

生产性服务业是在社会生产力较为发达、社会分工更为深刻的情况下产生的新兴产业，它的出现和发展、不仅极大地加快了制造业的发展速度，而且大大提升了其发展水平，同时制造业的发展也极大地引发了生产性服务业的发展。更为重要的是，生产性服务业对人们的生活正产生着越来越大的影响力，所以生产性服务业在整个社会的重要性也越来越明显。以目前的状况，如果笼统地说服务业的规模，生产性服务业已经成为主体构成；甚至有些发达国家的生产性服务业已经占到了其产业结构的主体。

二、生产性服务业与生活性服务业

生产性服务业是生活性服务业的对称概念，二者主要的区别是服务对象的差异。由于生活性服务业出现得较早，人们对生活性服务业的产品特点研究得较多，例如生活性服务业的产品与制造业的产品相比所具有的无形性、产品的生产与消费在时间及空间上的一致性、不可储存性、质量的差异性、高科技对其质量水平的影响不大、不交易所有权等。进一步的研究发现，生活性服务业之所以具备这些特点，其主要原因是生活性服务业产品的主要功能（对消费者的有用性）必须直接通过消费者的身体感官或能够形成对消费者的精神感受后消费者才能体验得到。根据这些特点，营销界的学者及实操者认为，要提高生活性服务业的发展水平和质量，更好地进行生活性服务业产品的市场推广，对生活性服务产品的生产和消费要有一些不同于制造业产品的措施，比如强调消费者对生产过程的参与性，强调生产者参与并引导消费者的消费过程，进而影响消费者的消费体验等。相比之下，生产性服务业除了一些少数的服务产品其服务对象是“人”本身外（如职工培训），绝大多数不是“人”本身，即便有时是由“人”直接接受服务，但肯定不是这些“人”最终消费了该产品，所以生活性服务产品的那些特点对于生产性服务产品而言，少数依旧成立，有些有了变形，有些甚至不成立。其一，关于无形性。虽然生产性服务业产品本身也不是一个可以独立存在的有形产品，但其功能价值可以依附在一个相关的有形产品（物体）之上，例如代加工的服务价值会依附在被加工的组件或成品上、设计创意产品的价值会凝聚在设计创意的方案之中，这样其产品的不可储存性也随之改变。其二，关于产品的生产与消费在时间及空间上的一致性，由于消费者并不需要以其自身的感官来接受服务劳务，生产性服务业产品的生产和消费能够在时间和空间上彼此分离。其三，关于服务质量的差异性。生产性服务业是高科技运用的主要领域，是可以大规模批量生产的，所以服务产品可以也必须规范化、流程化、标准化，服务产品的质量处于可控状态，当然其产品质量要有良好的同质性。

虽然生产性服务业的服务对象是制造业，但很多生产性服务业会直接或间接为百姓日常生活服务，以持续改善人民生活水平为目标，这就会使得一些生产性服务业的产品或多或少地带有生活性服务业产品的特点，在很大程度上淡化了生产性服务业和生活性服务业的界限。有些生产性服务业的服务对象，本身就兼有最终消费者在内，如在目前我国要重点发展的11个生产性服务业行业（研发设计、第三方物流、融资租赁、信息技术服务、节能环保服务、检验检测认证、电子商务、商务咨询、服务外包、售后服务、人力资源服务和品牌建设）中，像第三方物流、售后服务等就与人们生活息息相关；还有一些生产性服务业，在高科技与信息技术的配合改造下，由过去仅提供中间服务可以转为同时可以提供最终服务，如服装设计，当变批量设计为一对一地为最终消费者设计时，生产性服务业就可以兼为生活性服务业。因此，这些生产性服务业要提高服务质量，必须注意其生活性服务产品的特点，如强调消费者的参与体验。

三、生产性服务业与现代服务业和第三产业

现代服务业是传统服务业的对称概念，两者主要的区别是服务方式及手段中所含科技水平的差异。关于现代服务业，使用较多的一种定义是："现代服务业是伴随着信息技术和知识经济的发展产生，用现代化的新技术、新业态和新服务方式改造传统服务业，创造需求，引导消费，向社会提供高附加值、高层次、知识型的生产服务和生活服务的服务业。"实际上从生产性服务业的构成看，所有的生产性服务业都是现代服务业，所以现代服务业就是全部生产性服务业加上部分现代化的生活性服务业。

世贸组织的服务业分类标准界定了现代服务业的九大分类，即：商业服务，电讯服务，建筑及有关工程服务，教育服务，环境服务，金融服务，健康与社会服务，与旅游有关的服务，娱乐、文化与体育服务。我国"现代服务业"的提法最早出现在1997年9月党的十五大报告中，通常认为现代服务业包括以下四大类：①基础服务（包

括通信服务和信息服务）；②生产和市场服务（包括金融、物流、批发、电子商务、农业支撑服务以及中介和咨询等专业服务）；③个人消费服务（包括教育、医疗保健、住宿、餐饮、文化娱乐、旅游、房地产、商品零售等）；④公共服务（包括政府的公共管理服务、基础教育、公共卫生、医疗以及公益性信息服务等），这些行业实际上涵盖了目前我国第三产业的统计范围。理论上说当第三产业全部都被现代科技武装，现代服务业与第三产业就会趋同为一体，但由于诸如经济发展水平、一些服务业自身的特点等原因，第三产业中会有一些行业以传统服务业的形态出现，此时现代服务业与第三产业就会有差异，所以现代服务业应小于（发展趋势会趋近于）第三产业。在统计实践中针对具体的服务产业，很多时候较难确定该服务业现代化的程度，因此目前还没有较权威的关于我国或省区市现代服务业发展规模的统计数据。

有学者研究北京市的现代服务业，认为包括10大行业：金融业、电信业、房地产业、物流业、商务服务、科学研究和技术服务业、教育培训业、医疗保健业、文体娱乐业、环境管理业和旅游业。按照这一范围计算，在2013年北京全部14986.5亿元第三产业的GDP（占地区生产总值的比重为76.9%）中，现代服务业的规模最少为11568.3亿元（缺少旅游业的数据），现代服务业占第三产业的比重最低为77.2%，占地区生产总值的比重最低为59.3%；2013年北京市生产性服务业实现增加值为9811.8亿元，增长10.4%；生产性服务业占第三产业的比重为65.5%，生产性服务业占现代服务业的比重低于84.8%，但肯定会大大高于65.5%，占地区生产总值的比重为50.3%。可以认为，北京的生产性服务业已经占据了北京经济结构的半壁江山，是现代服务业或第三产业的主体，这也正是国际上一个国家或地区经济发达程度和现代化水平高的重要标志。

四、生产性服务业与制造业

从经济学的角度来看，生产性服务业的产生和发展就是建立在制造业寻求成本优势基础上的专业化分工的深化，是制造业企业虚拟化经营活动（外包）的发展结果。生产性服务业作为货物生产或其他服务的投入而发挥着中间功能，贯穿于制造业的生产、流通、分配、消费等所有产业链环节之中，生产性服务业的出现不仅提高了制造业生产过程不同阶段产出价值和运行效率，而且也使生产性服务业自身得到了迅速的发展，扩大了其发展空间。这种情况同时也意味着在全能型的生产时代制造业的产能，在企业虚拟化经营时代很多是以生产性服务业的产能体现的，如GDP。所以，目前生产性服务业发达的国家或地区，生产性服务的发达一方面确实反映了其服务业的发达，另一方面也隐含了其制造业的发达。因此可以说，没有制造业强大的发展能力，就不可能有真正发达的生产性服务业。

从企业运行的价值链增值对比分析看，生产性服务业的出现不仅很大程度上改变了制造业整体的产业属性，而且明晰了各个价值链条的盈利能力，在当下的市场竞争格局中，很多行业便出现著名的“微笑曲线”。价值链微笑曲线显示：中间是制造环节；左边是研发（设计、创新、创意），属于全球性的竞争；右边是营销（渠道、品牌、服务），主要是当地性的竞争。制造环节属于资源型竞争，进入门槛相对较低，供给弹性较大，多数制造业已供过于求，产生的利润低，附加价值较低，而且还有引发环境问题的隐患；研发与营销环节属于人才和科技竞争，进入门槛相对较高，供给弹性较小，而且市场上容易形成名牌的强势地位，从而抑制竞争，产生的利润较高，附加价值较高。在全球价值链分工体系中，“中国制造”目前还处于价值链中低端，巨大的加工制造能力和盈利能力并不协调。35 美分，落到中国制造企业口袋；20 美元，装进外国生产性服务业老板腰包，芭比娃娃的利润分配格局就是这种状况的真实写照。在这样的背景下，加快生产性服务业创新发展，实现价值链向“微笑曲线”两端移动，从而在国际分工和交换中获得更多利益，是目前很多我国企业急需解决的问题。

进一步的研究发现，微笑曲线的出现是需要条件的，最重要的条件是市场充分竞争和供大于求。若这两个条件不存在（如在短缺经济条件下），价值链的利益分配格局便不是“微笑曲线”，而是与之相反的“武藏曲线”，这时加工制造环节链条的盈利能力相对较高。同时对一些大国，均衡合理的产业结构要求其基础产业尤其是基础性的制造业不能出现明显的“短板”。因此，在各国纷纷抢占生产性服务业高地的同时，像美国、欧洲这些已经在生产性服务业取得赫赫战绩的国家，现在又不同程度地提出“再工业化”的战略（当然这不仅仅是经济问题，还有其他更重要的国家战略问题）。曾经是世界上最大的制造业大国的美国，最近数十年经济总量的 80% 以上转向了服务业（主体是生产性服务业），制造业对国民经济的贡献不断萎缩，进而随着全球产业分工调整而出现了“产业空洞化”现象，尤其是一些基础性的制造业严重退化，以至于美国目前很多钢材甚至机械装备都要进口。过分忽视基础制造业、过分依赖像金融这样的生产性服务业是引发影响全球金融危机的主要原因。这样的经验教训更应该引起我们的警觉，平衡好生产性服务业和制造业的关系。

（作者系北京信息科技大学教授）

生活中的经济学

经济学家对网络交友者的忠告 / 王 军

在人生的某个阶段，每个人都会过一段单身的日子。这时，萦绕在人们心头的问题通常是，如何找到一位“正确的”（right）生活伴侣。这时，你也许会想到经济学家，希望得到他们的忠告，因为他们似乎在无所不包的问题上都曾给过你有用的建议。

互联网的兴起改变了人们的生活方式，这不仅体现在衣食住行等与物质相关的领域，而且也反映在精神层面，人类的情感世界得到了拓展，传统的婚恋也有了新的渠道和方式。现实中两位不大可能谋面的青年男女，现在可以通过互联网相识、相知，进而发展出一段长期的关系，如婚姻等。对于此类现象，经济学家有什么见解？对网络交友者，经济学家又有何忠告呢？这正是本文想要探讨的问题。

一、网络交友的经济学本质

自从诺贝尔经济学奖获得者加里·贝克尔（Gary Becker）将经济学方法大举应用于分析人类行为以来，婚恋等人类情感问题就吸引了无数经济学家的关注，随着经济学家在市场研究领域取得的进展，以及技术手段的进步，我们对于人类行为的理解较贝克尔出道当年已全面深刻许多。

只要随手翻阅一下近期西方学者的出版物，我们便不难获得上述印象。哈佛商学院2014年初出版了一本经济学家保罗·奥耶（Paul Oyer）的新著《我所知道的网络交友经济学》（Everything I Ever Needed to Know About Economics I Learned from Online Dating），这应该是第一本借助主流经济学元素趣味性地解释网络交友现象的通俗读物，此书一经出版便吸引了广泛的关注，而这也是本文的灵感源泉。

奥耶是一位多产的经济学家，现任斯坦福大学商学院教授，兼任《劳动经济学杂志》主编。奥耶之所以在知天命之年研究网络交友这一似乎是年轻人关注的问题，是因为他刚刚离了婚，他借助网络交友网站找到了女友。因此，这本小册子可以说是他现身说法的产物，书中穿插着的案例和小故事，夯实并提升了此书的趣味性和可信度。

我们已经目睹互联网带来的巨变，从网上购物到网上办公，互联网重塑了空间和距离，彻底改变了人们的生活和工作方式。通过网络寻找生活伴侣，网上交友、线下约会正在成为越来越多交友者的选择。

显然，无论是网上购物，还是网上交友，都与传统的方式有着本质区别。经济学家通常用双边市场来定义网上购物和网上交友这样的市场。所谓双边市场，是指市场中存在两类截然不同的用户，他们都需要通过中间平台进行交易，任何一组参与者加入平台的收益取决于另一组参与者的数量，所有用户通过共有平台与另一类用户相互作用而获得价值。以交友网站为例，无论是男性还是女性交友者，双方“价值”的实现都有赖于异性会员的数量，网络不过是他们相知、相遇的平台。需要指出的是，购物和交友总是不同的，区别主要是前者需支付价款以获得商品和服务，而后者无需支付价款。交友本质上是一个匹配（match）问题，其成本更多体现在时间上。

许多人都认为经济学和金钱密不可分，其实，这并不准确。正如奥耶指出的，在不少经济学家看来，金钱其实是一个乏味和不重要的细节。网络交友是一个可以在不涉及金钱的前提下谈论的经济学问题。这确实是一个不错的视角，尤其对那些不喜欢研究金钱的经济学家而言。

二、对网络交友者的忠告

奥耶给网络交友者许多忠告，这些富有启发的建议，多源于近年诺贝尔经济学奖的颁奖领域。其实，这些貌似高深的理论一点也不生涩，让人望而生畏，相反，它们极易理解。不信，你看看。

第一条，选一个交友网站，记住要去大的网站。

用经济学的行话来说，大的网站意味着稠密的市场（thick market），此时市场供需双方数目众多，而潜在的生活伴侣与那些“差异性物品”（differentiated good）并无二致。所谓“差异性物品”，是指没有两个物品相同或类似的情形。德国哲学家莱布尼茨曾说“世上没有完全相同的两片树叶”，也是这个意思。我们每个人来到这个世界，其实都是独一无二的。

交友网站会员越多，符合你条件的人，即与你匹配的人也越多，因而你的选择余地就越大。这个理说起来容易，却有很多门道。现实中稠密市场的匹配问题其实是很复杂的，经济学家阿尔·罗思（Al Roth）就因为在这一领域的突出贡献而获得2012的诺贝尔奖。

类似情景同样会出现在就业市场上。设想一位工程师想要在广州或深圳找一份满意的工作，若广州有不错的工作机会，但深圳机会更多，那么通常而言，这位工程师在深圳找到适合他（她）工作的机会就比广州大。

第二条，在交友网站上进行自我介绍时，要当心，因为人们可能会产生各种各样的想法。

奥耶提到自己第一次在网上自我推销时，由于离婚手续尚未办妥，就将自己的婚姻状态标注为“分居”（separated）。虽然奥耶坚定地认为，分居是“为幸福迈向下一段关系做好了准备”，但后来一些女性网友告诉他，分居其实还有许多意思，如刚经历失败婚姻后的情感挫折，痛楚让双方先独处一段时间，分居有时只是夫妻暂时分开一段时间，但终归会再生活在一起。或许，正是这些原因，使得奥耶最初在交友网站上的斩获不大，因为没有多少女性回复他的邮件。

2001 年诺贝尔奖获得者乔治·阿克尔洛夫（George Akerlof）可以解决奥耶遇到的问题。阿克尔洛夫曾提出“逆向选择”（adverse selection）这一概念，其含义是你必须弄清那些是隐藏的信息。阿克尔洛夫最初是用二手汽车的销售来说明问题的，他指出，除非你能够用事实证明这是一辆不错的汽车，否则人们总会认为你的车子存在这样或那样的缺陷，是个“柠檬”[1]。同理，人们也会认为奥耶与其他分居者一样，尚未为投入新一段感情做好准备。

如果你已四十多岁，从未结婚，人们多数会认为你无法维系一种长期的关系，而事实是，由于种种原因，你一直未遇到中意的人。总之，自我介绍是写给别人看的，因而应特别慎重，避免出现歧义。社会上流行的对某个地域人群的看法，对某些群体根深蒂固的观点，可能会使你的自我介绍达不到你想要的效果。对于熟悉你的人而言，你的气质、习性、癖好都可以接受，也是你施展魅力的法宝，但对于不熟悉你的人而言，你的这些特质可能帮不上忙，甚至适得其反。

第三条，与中意的人会面，第一次约会“烧钱”是必需的。

依奥耶的观察，网上交友者的自我介绍充满了夸张和虚假的成分。有客观数据显示，男人在网上最易对自己的收入和身高撒谎，而女性往往刻意隐瞒自己的年龄和体重。一些女性在介绍自己时，声称自己是个讨人喜欢、积极乐观的人，拥有优美的身段和光滑细腻的皮肤，奥耶在亲身经历后断言，此类表述，要么是当事人骗人的把戏，要么是当事人自己的幻觉，男人不必太过当真。

[1] 在英文中，“柠檬（lemon）”往往被用来表示一种不合意的东西。

尽管多数人在展示不真实的一面时，大都会感受到某种压力，但在经济学家看来，撒谎或者“空谈”（cheap talk）确是影响他人的理性方式。为此，经验老到的征友者往往会把他人的自我陈述打个折扣。以“空谈”这个现代博弈论中的概念为例，它其实是一种面向特定对象直接和低成本的交流，本身并无约束力，也不会对参与交流各方的收益造成直接的影响。

一些严肃的交友网站已开始对征婚者的个人信息进行采集和验证，身高、收入和其他一些相对客观的指标都可这样做。问题在于，验证信息不是免费的。如果你希望证明自己是个有钱人，或其他一些你希望强调的特质，那你就需要花时间和金钱对这些资料进行验证，那些没钱，缺乏你特质的人就不大可能参加验证。验证信息便是“发信号”（signaling）的过程，“发信号”这一概念是由迈克尔·斯宾塞（Michael Spence）率先提出的，这为他赢得了2001年的诺贝尔奖。

在现代经济学中，发信号与筛选（screening）是两个密切相关的概念，发信号能起到筛选的作用，尤其在当事人数目众多时，如何将符合条件的筛选出来，就成为一个非常重要的问题。在大家熟悉的中国寓言“南郭先生”中，当新国王发出喜欢吹竽独奏的信号后，南郭先生只好逃之夭夭。

“发信号”还可以帮助我们理解今天中国高校中的一些现象，如现在不少在校生置基础课程学习于不顾，热衷于五花八门的职业“考证”，他们“收集”如此多证书的目的，无非是想向潜在的雇主传递出这样的信息：雇佣我吧，我与他们不一样，因为我是有能力的。不幸的是，这些学生将证书与能力等同起来了。类似的道理，在交友网站上发布经过认证的信息，也是希望对潜在的异性朋友表示：没错，我就是你要找的人。

“发信号”在文学和电影作品中也颇常见。美国大片《黑暗骑士》（The Dark Knight）曾有一个情节，片中人物小丑（The Joker）为了向同谋者证明他的目标比挣钱更为远大，当面将一大袋钞票烧掉。这是否意味着，当你与你的网友第一次约会时，若你想显示自己有钱，也烧掉一袋钱呢？具有讽刺意味的是，在奥耶看来，一个癫狂、邪恶的电影角色，其疯狂行动似乎更能打动约会对象，尽管经济学家都知道存在社会规范的约束，也明白用现金搭建的篝火效果不佳。当然，你也可以用其他更为传统的方式来传递信息，如穿一套昂贵的名牌服装，拿上信用卡，像电影中常有的画面那样，消费时潇洒地签上自己的大名，同时不要任何收据。另外，还要多付小费，因为这是炫耀和表现自己的绝佳机会。

第四条，不要过分挑剔，遇到合适的，就选择与他（她）结婚。

尽管我们谈论的是网络交友问题，就如何找到理想伴侣给一些忠告，但实际上，这世上根本就不存在理想伴侣，即使存在，恐怕你也永远找不到他们。

如果你认同上述说法，那么，你正在不知不觉中运用戴尔·莫特森（Dale Mortensen）和克里斯托弗·皮萨里德斯（Christopher Pissarides）两位经济学家毕生研究的结论，他们因为“搜寻理论”（search theory）而荣获2010年的诺贝尔奖。两位学者研究的是，人们在面对唾手可得的上佳选择时，是接受这一选择还是继续寻找下去？两位学者研究了不同决定可能导致的经济后果和替代效应。我们知道，这种决策上的两难选择其实在日常生活中是很多见的。

在网络交友世界，不断地翻看他人的个人资料可能会带给你一些信念，它会让你觉得下一个更好。如果你这样认为，那么翻看别人的资料就上升为一种责任，你不会容忍因为自己懒惰而减少点击数量，导致错过最佳的一位。然而，我们知道，这种逻辑其实是不成立的。因为我们不可能无休止地寻找下一个，在时间和生命都有限的情况下，不停地寻找到头来可能是一场空。

你也许会乐观地认为下一个会更好，为此你乐此不疲，希望找到一位“完美”（perfect）的人，但在某个时点，你应该对自己说：我的伴侣很好，如果继续寻找，我可能会遇到更好的。但我需要谋生、挣钱、娱乐，还有许多事情要做。因此，我希望与眼前这位缘定今生，开始新的生活，尽管这样做的结局可能很糟。如果你这样想了，那么，你就在最大化你的预期效用。

对于那些在婚姻市场上不停寻找的人，会有什么结果呢？按照莫特森和皮萨里德斯的分析，对员工吹毛求疵的厂商，以及那些过度挑剔的找工作者，是推动失业的主要因素。由此类推，在婚姻问题上，与一位真正不错、适合自己的人终成眷属好过等待一位不知何时出现的“完美”伴侣。生命不休、寻找不止的后果可能是孑然一身，无所依傍，成为一位“情感失业”（romantically unemployed）的人。当然，我们这里并未考虑那些主动“失业”的人，即那些独身者，因为好像只有哲学家才更有资格解释清楚为什么一些人会奉行独身主义。

总之，约会本身就是一种市场，只有身在市场中，才能在市场中取得成功。这一点在奥耶身上灵验了，通过网络，奥耶终于找到了一位可爱的女友。关于网络交友，经济学家其实还有很多要说的话，但限于篇幅，只好就此打住。

三、结束语

千百年来，这个世上有关婚恋的传说已有许多，相关指南和宝典更是无计其数。本文不过是就奥耶涉及的话题，在经济学若干概念的关照下，反思网络交友这一新鲜事物得出的只言片语而已，充其量只是新瓶装旧酒。无论未来技术取得怎样的进步，只要人类继续繁衍下去，婚恋就将是一个永远也说不尽的话题，技术能改变的，不过是交友的具体手段和途径而已。人类在婚恋领域涌现出来的各类精神活动，应该是稳定的和不易改变的。

本文讨论的仅仅是网络交友的一些攻略，至于结婚以后如何维系婚姻则是另一个问题。几乎所有人都期待一段“死生契阔，与子相悦；执子之手，与子偕老”的婚姻，一些直白的劝告也早就流行于坊间并深得人心，如“婚前要睁大眼睛，婚后则要睁一眼闭一只眼”。婚姻稳定的秘诀是不要讲究，而是将就，因为将就有时也是一种责任。这些民间智慧蕴含着怎样的经济学道理，也许需要另行撰文来细细说明。

让我们再次回味奥耶的建议：去大的交友网站，当心你说的话，实际行动比空谈好，遇到合适的就止步，结成秦晋之好，切勿追求不靠谱的完美。祝各位好运！

（作者系天则经济研究所研究员，教授）

“数字人”/邱 东

——人，还是非人？

2014年1月11日，和往常一样，睁开眼睛就得查看微信。圈内转来一篇《趣谈大数据》，恰好我正在撰写相关主题的论文，思绪纠结再三，自然对此格外关注。据说这是某大公司内部疯转的一个讲座稿，主讲人是Pan先生。

显然，Pan先生是业内的战略高手，讲座的语言的确颇为风趣，所论内容亦能把人拽住。

可在讲座的篇末却让我读到一个令人毛骨悚然的前景，似乎是在拿人类的未来打趣。可怕的并不在于Pan先生胡扯，而正在于他一本正经，在于所谓“数字人”的可实现性——逻辑上、技术上都是可以打通的，而在创造数字人的过程中，我们“生物人”却面临着被技术专政、被异化的危险。

一、大数据逻辑的指向

Pan先生从我们身边的事例讲出了他对大数据的初步理解，接着是大数据重构商业模式和商业思维的大趋势，然后总结了他对大数据的五点看法。第一，大数据使企业有能力以客户为中心，我谓此进步为“心有余，力也足”。第二，大数据一定程度上将颠覆传统的企业管理模式，自决策、扁平化、流程重组等等。第三，丰富了商业运作模式，除了依靠逻辑的力量外，还可以依靠大数据的力量。正所谓：为了得到“是什么”，我们不一定要理解“为什么”。第四，可发现新的商业机会。第五，对IT本身技术架构的革命性影响。应该说，这些看法都是人们可以接受并乐于接受的，因其温而受其顺。

顺着这条清晰的逻辑线路，Pan先生在第三部分提出了他们的想象——“新智慧生物的诞生”。他在展开论述前预警：“那至少是我们十辈子或者一百辈子以后的事情。”是怕把我们吓倒？还是确实太过遥远？如果是后者，不是把话题的现实意义消解了么？当然，谁也搞不清“永远有多远”，不过Pan先生的想象有一点却是很现实的：从逻辑链接上、技术步骤上看，“数字人”可以有。

Pan 先生循循善诱，从机器人翻译的成功，到“深蓝”与国际象棋大师卡斯帕罗夫对弈中在 1997 年历史性的胜利，接续的是 IBM 的“沃森”计划，再到“穿戴式计算设备”的巨大进展，他为我们描绘了机器攻城略地的辉煌路程。铺垫戏中最后出场的是一只机器虚拟小狗。由模拟的人狗对话，Pan 先生让我们很聪明地发现了一个惊人的事实：你其实是面对了两只小狗，一只是物理意义上的小狗，一只是人工智能虚拟的小狗。

显然，这只小“数字狗”更善解人意，它是不是新的智慧生物呢？到了这个份上，你还能说 NO 吗？

二、数字人呼之欲出

当我们在通向未来的时光隧道中喜闻乐见时，真正的主人公出场了。Pan 先生把那只虚拟小狗换成了“未来的人”——用数字模拟创造出来的崭新人类，由人类最忠实的伙伴转换成人，惊世骇俗的革命表现得多么自然多么顺畅！

当然，在前面的大数据态势分析中，Pan 先生已经埋下了浓浓的伏笔：人类已然经历了几十年的数字化生存，个人信息数字化、购物数字化、沟通数字化……其势头越来越猛。他预计，我们的下一辈或下下一辈将进入“完全的数字化生存”。

个性化数据这样“完全”地积累一生，一个很严肃的问题自然而然就产生了：这些巨大的数据能否让这个人去世后以某种方式继续存在下去呢？ Pan 先生的答案很干脆：“当然可以”。长命不止百岁啦！我们能不加赞吗？处于生命后半程的人尤其要大加其赞。

再进一步，“假设材料科学也取得巨大的进展，那我们能不能把这些虚拟的生命重新植入到模拟人类的生态体上呢？”Pan 先生的答案是：“当然也可以。”是啊，现代医学已经可以种牙，可以换人工骨，假以时日，人工造出血与肉又有何难？

至此，IT 革命的真正意义或终极意义才算实现了——生物人革命革到了自己头上。“在改变、重构和颠覆很多企业、部门和国家以后，终于到了改变人类自身的时候了！人类的演进出现了新的分支！”Pan 先生为革命预见大感其慨，之后他接着告诉我们：有的科学家画了一张图来描述这两类智慧生物。一类是基于生物性的人，经过几百万年的进化而来，更有逻辑性，更有丰富的情感，更有创造力，但生命有限。一种是基于 IT 数字技术的人，通过自模拟、自学习而来，有很强的计算、建模和搜索能力，理论上其生命可以无限。原来，海外也有数字革命的高瞻远瞩者，足见此道不孤！

这里的革命性意义在于：数字人是智慧行为主体，是 new creature，而不是被动的机器人，不是普通的 machine。

不过有点小瑕疵，笼统地说“智慧生物”似乎有些外延不清，难道经过了数字革命我们人类就不智慧了么？于是我擅自修正一下：把这种基于 IT 技术而造出来的人称为“数字人”，以便与“生物人”明确区别。相应地，人造的其他智慧动物可以叫作“数字动物”，比如前面那只意义非凡的数字狗。名正以求言顺，下面我就要坦白我的恐惧了。

三、不那么远的远虑

我们在书本上常能见到否极泰来的说法，但现实中“泰极否来”也是常有的。数字人的出现到底意味着什么呢？

Pan 先生在讲演中也提出了用数字人延续生物人带来的问题：“这算不算人死后复生呢？那这个新智慧体能不能继续拥有以前的身份证呢？能不能继续拥有以前的财产呢？能不能继续享受养老金呢？是不是也要有强制规定一定的寿命限制呢？这种智慧体会不会自学习、自进化？他们会不会爆发和人类的战争？”

一连串的问题，个个都是要命的问题——要人类的命！

然而，又何止这些问题呢？

数字人并不只是延长生物人的生命，还是生物人生命过程的再创造，每一个生物人这一生中都有过许多后悔的事情，而数字人清楚地知道“他”所代表的生物人悔在哪里。“如果重来我将如何改变过去的选择”，好了，有你的数字人替你改正啦，后悔药有得卖啦！可问题是，时间还是不是一维的呢？生物人会不会因为有了改正的机会而随意选择呢？人到底是活在“这辈子”还是活在“下辈子”，甚至在时空隧道里随便穿梭？

如果技术上可行，为什么非得等到生物人去世后再造相对应的数字人呢？难道就不可以生物人与其对应的数字人同在么？如果有自己的数字人代为从事某些生物人不愿意担当的工作，岂不美哉？可细一琢磨，生物人还不能构想得太美，如果与自己的数字人同在，你怎么就敢保证一定是他为你分担困难呢？如果他不聪明能干，就难当大用；可如果他过于聪明能干，万一从奴隶到将军你又怎么办？你能生孩子但不能保证孩子听你的话，生物人就笃定能控制住数字人吗？

数字人的出现还会引发生物人之间的新矛盾：究竟谁有资格拥有自己的数字人？

优秀的生物人是不是可以多配几个数字人？是人人都有这个资格，还是需要成立资格审查委员会专门遴选？谁能担保资格审查委员会秉公执法？又由谁来审查资格审查委员会呢？

Pan先生在讲演中建议组建一个“祖宗联席参谋委员会”，以充分利用祖宗们的智慧——祖宗理应亲临现场为后代们答疑解惑。问题是，这些个祖宗得经过优选，Pan先生开出的显然是精英标准：中过状元的、当过企业高管的、当过教授的，当过作家的，当过国家高级公务员的。据Pan先生介绍，这个灵感来自于迪斯尼，《花木兰》中就出现过这样的场景。看来，对特定数字人资格的遴选，不同的人有着截然不同的看法，“人人生而平等”在这一点上仍然只是个理想。

那么，我们承认生物人素质的客观差别，为了人类世界的优化，不建造专门与生物人特定对应的数字人，而是集中人类的优点，摒除人类的缺点，造出一大批杰出的无特定对应的数字人，造福于人类，岂不是更好？梦尽可以做，可别忘了《红楼梦》里唱得明白，“好便是了”。人种优劣的问题解决了，新的问题又会产生：究竟造多少优质数字人呢？优质数字人要不要再配助理呢？一般的生物人该不该给优质数字人当助理呢？当数字人普遍优于生物人时，生物人存在的法理性又何在呢？

显然，一旦数字人和数字动物产生，那么将大大增加宇宙中的智慧行为主体，必将引发不同类别行为主体间的深刻矛盾：生物人与生物人间因数字生物而新发的矛盾、生物人与数字人间的矛盾、生物人与数字动物间的矛盾、数字人之间的矛盾、数字人与数字动物间的矛盾、数字动物之间的矛盾、生物动物与数字动物之间的矛盾，如此等等。

好了，我们别以生物人之心度数字人之腹，聪明的生物人在制造数字人之前已有防范，都给他们内置了善良基因，或者提出了邪恶基因，天下可以太平。可那还是存在各种“人际关系”如何处理的问题，想一想：家里有个比我还智慧的数字人，看着“他”亲密无间地与我妻子、孩子打交道，心里会不会很别扭呢？正如Pan先生所告诫的那样：“往深处多想想，感觉全乱套了，现在的伦理、法律等都面临着巨大的挑战。”

是啊，一堆一堆地问了这么多傻问题，肯定会有人说，“数字人”还只是个幻影，说不定哪辈子才能冒出来，现在就为其忧愁，岂不蠢似杞人忧天么？

遥远吗？看看报道，人造肺12年后就可以用于临床移植了，美国科学家实现了异体操控，猴子通过脑活动控制另一猴子。在惊讶于生物人创造的人间奇迹时，我们还敢咬定数字人的出现遥远吗？“是否遥远”本身就是说不准的事儿，一旦它并不遥远呢？

其实，我担心的重心并不是遥远将来人类的如何。儿孙自有儿孙福，他们肯定比我们智慧能干，他们的生存空间肯定比我们大多啦。即便是怀有可持续发展之善心，也用不着我们给后代添乱，真得去搞什么“祖宗联席参谋委员会”。

四、悬在头上的近忧

问题的要害正在当下！

一些唯科学、唯技术的倾向愈演愈烈，正是当下让我们担忧。我们正在以科学或客观性的名义行事，拱手让“非生物他者”主宰我们的行为。我们有可能正在亲手打开潘多拉的盒子，结局的危害性指向，只是可以更清楚地反照出当下的某些荒唐。大数据潮流滚滚，也必然泥沙俱下，我们会碰到各种自命源自大数据系统的科技指令，叫人匪夷所思。

就说Pan先生讲座中的例子，你找对象时，碰上一位心爱的姑娘，可如果系统根据双方海量数据得出的“匹配指数”过低，那你就不宜跟这位姑娘继续交往，再心爱也不成，21世纪做事情哪能不讲科学精神！可人类感情的事情，到底是心说了算，还是脑说了算？科学计算发达，就可以让电脑统治人心吗？

还是Pan先生给出的例子：在你找工作的时候，面试时HR会淡定地告诉你，经过大数据分析，你历来的网帖、微博、微信总体负面情绪过多，不符合企业要求云云。我不明白，如此筛选，还有面试的必要么？HR貌似权威，也不过是“非生物他者”的代言和传声而已，这不过是一个机器人也可以胜任的岗位，聘任过程没有直觉等其他生命素质的考量，钉是钉，铆是铆，人力资源管理可以任由机器人接管，这对人类该是多么大的反讽呢？

的确，在有的场合为了得到“是什么”，我们不一定要理解“为什么”。但“不一定要”并不等价于“一定不要”，很多场合，这二者被故意偷换或被无意混淆。我坚持认为，即便有了大数据的无穷威力，商业运作也并不能完全放弃思辨逻辑的力量，两种机制应该互补，至少应该并行，不能只讲数据。

地球人都知道，欧美国家间正在为“监听门”而明争暗斗闹得不可开交。就在这个背景下，Pan先生提出看法：“去IOE潮流中的所谓国家安全因素，完全是次要的。”这究竟是为什么？宏论戛然而止，下文没有给出一个字的论证。难道有了大数据，就实现了世界大同，就只剩下普世价值了么？如果那样，为什么美国还对涉及其战略利益的诸多国家系统地监听呢？甚至连他们最可靠的盟国都不放过，真是《一九八四》里的老大哥啊！白宫还将斯诺登视为头等叛国罪犯，这些能证明国家安全因素完全次要吗？

Pan先生为我们科普：在“机器翻译团队中，有不少计算机科学家，但连一个纯粹的语言学家也没有，只要擅长数学和统计学，然后又会编程，那就可以了。”按此人员构成，人工翻译就可以歇菜了，数学、统计学和计算机科学似乎可以取代其他科学，多么干净利落的学科结构！只留下计算理性，而潜质、直觉、感性甚至逻辑理性都失去了存在的必要。如果世界只有计算理性，没有了人的温度，这世界还是人的世界么？

说起计算机的智能学习，英国剑桥微软研究院的克里斯·毕晓普（Chris Bishop）有一个叫我莫名其妙的比方：“你堆积足够多的砖块，然后退上几步，就能看到一座房子。”是啊，我们离远了，当然能看到用砖堆出来的房子，只是不知道，这房子毕晓普本人会不会去住？或者能不能当作研究室用？

在指明大数据重构商业模式时，Pan先生审慎地假设了隐私得到保护的前提。然而，也是世界著名大数据专家的维克多·迈尔·舍恩伯格告诉我们：“在大数据时代，不管是告知与许可、模糊化还是匿名化，这三大隐私保护策略都失效了。如今很多用户都觉得自己的隐私已经受到了威胁，当大数据变得更为普遍的时候，情况将更加不堪设想。”固然，大数据发展时不我待，人类不可能等到解决隐私保护问题后再动手去做。但如果完全避开隐私保护来论述大数据的发展，其结论再科学又有多大的现实意义呢？窃以为，技术精英不能以专业分工为借口，在科学讨论中刻意回避涉及人类切身利益的重大问题，那样恐怕有悖于科学道德。

五、文得结事难了

当下，我们固然还看不到数字人，然而，君不见“非生物他者”已经而且经常在我们身边转悠？它们究竟是不是数字人的先行者？我们是不是有点像温水里煮着的青蛙，光顾着畅游却全然没有注意到那锅底的火已经点燃？到底是杞人危言耸听，还是整个人类正任由少数技术精英放纵自己而运系悬丝？

无论什么态势，技术对人的专政或异化总值得警惕。至少有一点是非常明确的：只有数据，不管它如何贴近地围绕着我们，不管它有多么强烈的代表甚或代替我们的欲望，它只是非人，而不是人，至少不是完全的人。

（作者系北京师范大学教授）

买基金“贵的不一定是对的”

/包 特

购买基金是一种发达国家常见的投资方式，据美国投资公司协会（ICI）统计数据显示，2011年，世界基金市场的总价值大概是23.8亿美元，相当于世界经济总量的1/3还要多。在美国，44％的家庭购买基金，投资的中位数在12万美元左右。随着我国金融市场的发展和健全，越来越多的国内家庭也开始购买基金，全国共同基金总市值在2011年也达到3300亿美元。可以说，共同基金市场对世界金融市场稳定性的影响是不言而喻的。因此，共同基金市场投资者的投资决策是否理性，就成了学术界和政策制定者共同关心的重大问题。

关于这个问题，传统金融理论和实际市场操作似乎给出两种不同的答案。传统金融理论认为：由于市场整体是有效的，股票价格已经包含了所有信息，基金经理的专业技能就很难为投资者赚取超额回报。但如果我们打开各大金融门户网站的基金版，如晨星公司（morningstar）或者雅虎金融，我们还是会看到对基金的各项排名，其中很重要的一项就是这些基金近期的回报率。这背后暗含的逻辑似乎是：各个基金之间还是有质量差别的，特别地，专业技能好的经理人可以稳定地为客户赚取更好的回报率。所以，通过观察基金过去的绩效，客户可以识别哪些基金比其他基金更好，从而选择这些由“明星经理人”执掌的高质量基金。

那么，业界的这些做法到底有没有道理呢？关于这方面的实证研究发现：首先，这种排名和宣传无疑是有效的。研究者发现如果一个基金近期回报率高并被作为“明星”广告推荐，它的新流入资金会显著比其他基金多。但同时，如果看这些“明星”基金在接下来几期的表现，它的回报率却并不显著比其他基金高。也就是说，跟随“明星”并不能给客户带来更好的收益。当然，仅以此便认为基金经理的技能是完全不重要的也并不公允，更为系统的研究表明：虽然没有证据表明过去的明星基金在今后也持续地表现得比其他基金更好，但可以确认的是，过去表现相对特别差的基金通常以后也会持续表现得比别的基金更差。

基金与股票投资的一大不同之处在于基金通常会收取管理费，而且不同基金之间管理费的差别是非常巨大的。对于此，一个常见的误区是：这些管理费是“一分钱，一分货”，贵的基金的管理水平和回报率也一定更好。但仅以诸多追踪美国标普500指数的股票基金为例：由于这些基金都追踪同一个股指，它们的回报率理论上是完全一样的。大型的由电脑管理的基金如Vanguard只要收取0.5%的年费，而一些小的零售基金不但收取1.5%的年费，还额外收取4.57%的入门费。以投资金额一万元计算，在收益相同的情况下，前者一年的费用只需50块钱，而后者就要收取607块钱！事实上，金融学实证研究表明，在控制其他因素的情况下，基金收费与回报率之间平均而言是轻微负相关的，也就是说，贵的基金通常回报率反而更低。

那么，既然贵的基金通常未必是好的基金，那它们为何还能生存，不会被淘汰出市场或被迫降价呢？这可能有两个原因，一个可能是投资者未必注意费率的差别，如有研究显示虽然更高的入门费会降低一个基金的资金流入，但更高的年费通常对资金流入没有影响，因为相比入门费是一大笔显而易见的费用，年费通常金额较小，且以无声无息的方式发生。投资者就可能在选择的时候忽略这一费用的差别。另一个可能是当高收费的基金恰好最近收益率较高，被作为明星基金宣传时，投资者会误以为高收费是对基金经理技能的回报。美国哈佛大学和耶鲁大学的研究者（Choi等，2010）最近发表在《金融研究评论》（Review of Financial Studies）的一个研究显示，如果给投资者四个创立于不同时间的基于标普指数的基金，这些基金的未来收益是完全相同的，但过去年化收益率由于创立时间点不同而不同。这些基金有的收费高，有的收费低，收费高的恰好过去年化收益率也高。这种情况下，虽然理性的投资决策是选收费最低的基金即可，但如果投资者的金融知识淡薄，就可能选过去收益高而费用高的。这项研究的实验对象是哈佛大学的本科生、MBA和学校管理人员，理论上来说，这些研究对象特别是哈佛MBA学生应该具有大大超过一般社会群体的分析能力和金融知识。但研究结果发现，即使对这群智商超群的投资者，大部分人还是购买了相当比例的高收费基金。也就是说：面对“一分钱一分货”的幻觉，要做到“只买对的，不买贵的”实在是很难的一件事。

（作者系荷兰格罗宁根大学经济与管理学院经济系助理教授）

见死不救的医院？ /李俊慧

此前听到一则新闻，说某医院收治了一个需急救的外来工，医院坚持要按规定先收押金才救他，但那外来工举目无亲、身无分文。医院里的一个医生就挺身而出，以自己三个月的奖金为他担保。结果，那外来工救活了，却也一如医院最初所料那样没交医疗费就逃了，那医生被罚了三个月的奖金，生活陷入困难之中。

这则新闻一出，骂医院见死不救者有之，骂那外来工没有诚信者有之，叹息那医生好心得不到好报者有之……然而，这些议论都是不得要领，对于解决这类此前不断发生、以后也会继续发生的问题毫无帮助。

说那外来工没有诚信，可他确实没钱，就算他不逃之夭夭，他愣是跟医院来一句："要钱没有，要命有一条！"难道医院就真能要了他的命不成？就算真能要他的命，于他的医疗费无人支付又有啥用处呢？

至于说医生好心不得好报，按理说他也不是个新入行的菜鸟，不可能不知道那外来工"逃费"的几率很高。既然当时把心一横替他做了这个担保，就是预计了会有那样的后果。这叫"求仁得仁"，都还不至于达到"死得其所"的地步，但有什么可怨的呢？只是，以他一人的财力，再怎么好心，也只能救人一次，却是不可能救之不绝的。他的所作所为，其诚可嘉，却毕竟不是解决问题的长远之道。

以上两类观点都容易评判，困难的是第一类观点：医院见死不救。

从医院的职能来说，它出售的是"救死扶伤"的服务。但既然是"出售"，出得起价的才卖（救），出不起价的就不卖（救）了。这适用于各行各业的经济规律，一放到医院身上来却显得冷血无情。然而，卖粮食的人也是一样的，不会因为卖的东西是生命之本就不管对方出不出得起价都卖。不过，买粮食的人如果穷，可以选择买质量不高的便宜货，不至于饿死。但一个生命垂危的穷人，得不到达到一定质量水平的医疗救治服务可能会就此一命呜呼，他要是选择质量不高因此他还算买得起的便宜服务，结果很可能是死路一条。

那怎么办呢？这则新闻，我是在一个电台的评论性节目里听到的。那评论者平日显示他也是个头脑清楚之人，并非愤青之辈，可那天他评论这节目，刚才略略点评的那两类观点他都评得不错，但评到这一类观点时就乱了，一张口就是“医院是公益性机构，不能只顾盈利不顾人命”。

什么叫“公益性机构”？百度了一下，其定义是“在法律允许的领域内，向不特定的多数人无偿或者以较优惠条件提供服务，从而使服务对象受益的社会组织”。如果这定义是对的话，现在的医院无论名义上是不是公立，它们都不是公益性机构，因为它们基本上都是自负盈亏的，要自负盈亏还怎么能无偿或以较优惠条件提供服务呢？它们经营（救死扶伤）的成本不通过收钱来弥补，怎么去弥补？

是的，如果公益性机构是上述那个定义，那就只有慈善机构是公益性机构。一家公立医院如果名副其实，即它以较优惠的价格提供医疗服务，由政府补贴它的收入不足以弥补其成本的部分，那它实际上是一家慈善医院。慈善医院并不需要非靠政府补贴不可，也就并非一定是公立医院（或更准确地说是公立慈善医院），像香港那样的自由市场上就存在着私立的慈善机构（包括私立的慈善医院在内）。但大部分医院并不是慈善机构，这就说明，通常而言医院与慈善机构最好是分开经营。因为医院提供的是救死扶伤的医疗服务，而慈善机构提供的是救困扶危的服务，二者各司其职，能获得分工的好处。

不过，先让我回到最开头，层层递进地来分析这个医院面对付不起医疗费用的贫穷病人的问题吧。

首先，医院面临这样的问题时，理论上并不需要非使用慈善机构提供的服务不可。医院可见死必救，但对于无力负担医疗费用的贫穷病人，其治疗成本其实可以通过在平日治疗其他有经济能力的病人时提取“见死必救准备金”的形式来弥补。我这个点子是从银行对贷款、企业对应收账款都要计提“坏账损失准备金”的做法上得到启示而想出来的。正如一个普通医院（而非专门的慈善医院）收治的病人不会全部都是付不起医疗费用的穷人、只是其中一定比例的人是如此那样，银行的贷款与企业的应收账款不会全部都变成收不回来的坏账。因此，既然银行与企业能根据历史经验计提“坏账损失准备金”，把这成本摊分到那些能收得回来的贷款与应收账款的利息之上，从而有效地解决个别贷款与应收账款血本无归的问题，那何不让医院也仿效此道，根据历史经验计提“见死必救准备金”，一旦遇到无力负担医疗费用的贫穷病人时，就相当于是银行与企业发生了血本无归的坏账损失那样，把有关成本摊分到那些能负担得起医疗费用的病人身上？

当然，任何人一眼就会发现，问题在于如果有医院不计提这准备金，则其他因素都一样时，医治同样的病人，计提准备金的医院收取的医疗费，会高于不计提准备金的医院，市场竞争下后者会将前者淘汰出局。

那么，如果把计提的准备金“明码实价”地标注在医疗费用的报价单上又如何？计提了“见死必救准备金”的医院等于是公开向社会承诺：本医院见死必救！多支付了这准备金的病人是做了善事而已，不是多付了钱给那家医院。然而，当发生医院见死不救的新闻时，很多愤青一拥而上破口大骂医院的见死不救之举，可是轮到他们要上医院治病，当真要他们掏出真金白银来以实际行动支持医院见死必救时，只怕他们心底里就不愿意多付那“见死必救准备金”了，于是愿意光顾那家医院的人还是减少了，同样的见死必救的成本分摊到每个病人身上所要计提的准备金就较高了。而且，一旦这家医院做出如此公开承诺，肯定会吸引了贫穷病人大量涌向这家医院，导致它要计提的准备金的数额上升，这样即使普通病人的数量不减，分摊到每个病人身上所要计提的准备金仍然会上升。如此一减一升，长此以往，恐怕这家医院最终还是会在市场竞争中被淘汰出局。这解释了为什么我们从来没见到过这种计提“见死必救准备金”的制度安排出现。

当然，人们还有一个担心，即医院计提的“见死不救准备金”会不会实际上有部分并没有用于救治贫穷病人，而是“私吞”为医院的收入。然而，任何间接性的慈善都会有这种问题，不独此准备金会有这样的困难。所谓“间接性的慈善”，是指人们不是针对某个具体的事件直接进行捐款救助，而是捐款用于泛泛而称的慈善目的，于是人们不清楚自己的捐款实际上用在哪个人、哪件事之上，慈善的收益与成本于是变得模糊不清，使得实际从事派发捐款的人或机构有了上下其手、私吞善款的空间。

只考虑捐款的效果、不考虑收取与派发捐款的交易费用，直接慈善优于间接慈善。直接慈善其实并非不常见。人们经常听到某贫穷之人为了治疗某大病需要花很多钱，为此特地向社会发起募捐。这种为某事某人而临时发起的募捐，就是直接慈善，其有效地帮助到有需要的人的效果往往是最好的——如果捐款是直接交到病人或其家人手上就更好。

但为什么间接慈善仍有存在的需要？其一，是直接慈善的宣传费用较高。每次发生一件事，都要特别地为该事进行宣传、呼吁大家捐款。事情结束之后，有关的宣传费用就成了历史成本，覆水难收。但如果是针对慈善机构而不是特定的事件进行宣传，有关的宣传费用支付出去之后就转成上头成本，变为慈善机构的品牌租值，通过慈善机构参与组织下次另一件事的捐款时可减少宣传费用来回收这上头成本、体现其品牌的价值（租值）。其二，有时间紧迫性的事件是来不及慢慢组织人们有针对性地进行直接捐款的。像命在垂危、需要急救的贫穷病人，必须马上实施抢救，如果没有为泛泛的慈善目的而早就捐上来的善款支持，资金周转就成了大问题。这一点原因，有部分是与直接慈善宣传费用较高有关——来不及通知大家来捐款，但也有部分与宣传费用无关，而是属于组织费用。但不管怎么说，这都含义着直接慈善也有它的交易费用。

当然，间接慈善的交易费用就在于捐款实际上用在谁身上含糊不清，为分发捐款的人或机构上下其手开了方便之门。在不同的局限条件下，有时是直接慈善的交易费用较低，有时是间接慈善的交易费用较低，因此人们会观察到两种情况并存于世。

总之，想要医院不会见死不救，问题的关键是怎么实行“见死必救”的慈善才是最有效的，而不是简单地指责医院道德沦丧。

如果是由医院计提“见死必救准备金”，那实际上是由所有到那家医院治疗的病人负责捐款给医院，这会在一定程度上扭曲了人们决定是否选择到这家医院就医的决策——人们最终决定不去这家医院，可能不是因为这家医院提供的医疗服务不够好，而是因为人们不想参与有关的慈善。而人们不想参与有关的慈善，也未必是因为人们没有善心，也可能是因为人们不相信这家医院能公正无私地将计提的“见死必救准备金”全部有效地用于救治贫穷病人。也就是说，人们是因为觉得这家医院提供的慈善服务不够好。这样医院的医疗服务与慈善服务这两项性质非常不同的服务混在一起，模糊了人们对这家医院综合质量的认识，增加了人们做出正确选择的信息费用。

如果是医院每每遇到无力负担医疗费用的贫穷病人就向外发布信息，发动人们前来捐款，这是直接慈善。捐款者都是自愿参与有关的慈善，而且由于是直接慈善，不存在医院同时要提供慈善服务而混合了它更有专业能力去提供的医疗服务的问题。只是这时的医院要面对直接慈善的交易费用，有时这交易费用会是太高了——如需要急救贫穷病人时。

如果是医院接受外界某个机构的捐款来弥补其救治贫穷病人的成本，那就成了间接慈善，就要面对间接慈善的交易费用，有时这交易费用也会是太高的。间接慈善的资金来源，可能是政府的直接补贴——这时的医院在名义上称为“公立医院”；也可能是专门的慈善机构——这个慈善机构如果不独立于医院，这时的医院在名义上称为“慈善医院”。慈善机构如果是公立的，它比之私立的慈善机构会较为缺乏动力去监管医院使用捐款时有没有上下其手——事实上，公立的慈善机构自身在分派捐款时也会比私立因而受到市场竞争较大约束的慈善机构更容易上下其手。也就是说，间接慈善有着慈善服务的质量较难保证的交易费用，公立慈善机构比私立慈善机构在这方面的交易费用会更高。至于公立医院，一方面，政府补贴本身就有着公立慈善的性质，另一方面，政府补贴还会让情况变得更加的模糊不清——那补贴不晓得有多少是用于救治贫穷病人，有多少是用于弥补医院的经营效率低下造成的成本过高。这导致不但公立医院提供的慈善服务的质量没有保证，连公立医院提供的医疗服务的质量也没有保证。

综上所述，按交易费用的高低来排列：直接慈善与私立慈善机构的间接慈善各有各的交易费用，孰高孰低要视具体的局限条件而论；公立慈善机构交易费用较高，但仍低于公立医院。医院计提“见死必救准备金”可能是交易费用最高的，因为有强迫就医的病人都要参与慈善的成分——当然，公立慈善机构可能也有强迫捐款的情况（想想我们平时在单位捐款时经常被分派了捐款任务，明显是强迫捐款），而公立医院所使用的财政补贴实际上也是来自于政府的强迫征税。也就是说，医院计提“见死必救准备金”的交易费用其实未必一定高于公立慈善机构与公立医院，但因为人们认识到这一点的信息费用很高，于是在现实世界中人们会见到公立慈善机构与公立医院，却没见过医院计提“见死必救准备金”的制度安排出现。

（作者系复旦大学政治经济学研究中心研究人员）

买卖的目的 / 于忠荣

说起买卖的目的，无非是卖者赚钱得利，买者得其所需，这好像就是买卖的概念了。今天，我想就我在美国的所见所闻，谈谈买卖的另外的目的， 一点点小感想给大家在严肃的学术气氛里加点生活小乐趣。

我先生1992年到美国读书，我是1993年到美国探亲的。我们住的是南达科他州拉毗德市 （Rapid City）。这是一个小小的典型的大学城。刚到一个新环境，对一切都感到好奇，我最想知道的是美国人的生活究竟怎样以及他们怎样生活。

我和女儿到的那天是晚上，第二天就迫不及待地去商店，要看看美国人衣食住行都用些什么。去了以后，我们一样一样商品看过去，有许多东西不知道是干什么用的。要知道，那个年代的中国刚刚开放不久，出国人回国带东西给同事朋友都是刮胡刀、圆珠笔等类的小东西，巧克力已经是很高级了（用现在的名词可叫高大上）。我先生出国读书前有几次出国的机会，带给同事朋友的无外乎这些，而大家还都非常喜欢。我们那时的商品还不丰富。

首次逛商店有四件事给我印象很深。第一件事，就是美国人的友好。商店里人不多，但他们与我们擦肩而过时总是和我们打招呼，有的还主动搭讪，说我女儿很可爱。远离亲人朋友，来到这么一个人生地不 熟的地方，这种亲切感让我感到很温暖。第二件事，就是他们的蔬菜。蔬菜是摘好的，洗干净了，整整齐齐摆在货架上，非常新鲜。为了保持新鲜，货架上还安装了洒水设备，时不时地给蔬菜洒洒水。第三件事，就是食品保鲜期。有一个货架摆的都是削价食品，这些食品都是即将靠近保鲜期，卖不掉就过期了，而过期食品是不能出售的，因此，商店就削价以便在保鲜期前把商品卖出去。这第二件和第三件事情对现在的中国说来已不为新鲜，但在那时候却是没有听说过。第四件事，就是购物环境，我想说的购物环境不是指硬件的，如整齐，干净，或空调，卫生间等。我想说的是购物的软环境——与商家有关，也与购物者有关。这环境非常安静，祥和，给人的感觉好像里边的一切都慢了几拍，这里没有商家一直播放的促销大喇叭，也没人跟着你向你兜售，买东西的人也慢腾腾的，好像不是买东西，而是来休闲的，似乎商店里的一切都是可欣赏的。

我显然扯远跑题了……言归正传。有一天，我们一家和朋友家一起去逛车库买卖，我今天想对大家说的就是这件事。

所谓的车库买卖，就是主人家把自己不需要的物品拿出来卖。他们在车库里及车道上摆上桌子，把物品标上价钱，摆在上面，自己则坐在旁边，或喝咖啡，或读书看报。买东西的人则自己转转看看，看见自己想要的东西，就付钱带走。卖的东西五花八门，应有尽有，从古的到今的，从孩子到大人，从动物用的到人用的，从西方的到东方的，从新的到旧的。价钱则非常便宜，譬如一件新的东西，如果商店卖十美元，在这里就五美元以下，甚至一美元或两美元。为什么呢？我问美国人为什么买了不用、又卖呢？我听到的解释常常是，我要做什么，就去买了这些，现在不需要了，等等。例如，我们想学做中国菜，就去买了中国炒锅，现在不需要了。有一年我们在一个美国朋友家过圣诞，他们为了招待我们，特意去买了一套中国茶具，要我们教他们如何冲茶，我们走后这套茶具大概也是会进入车库买卖的，这是后话。车库买卖也常常是小区居民彼此叙旧的时候，因为车库买卖基本上都是小区居委会组织大家在同一天卖，因此大家就借此机会彼此问安。

去车库买卖前，我想车库卖东西就是为了赚钱。到了那以后，我发现买卖可以有不同的目的。有一个老人家，乐呵呵地坐在椅子上，兴趣盎然地与人交谈，非常投入。我问他今天生意怎样，他说非常好。他问我你要买什么，我说不知道，我喜欢看。他说，呵，你和我一样，只不过你喜欢看东西，我喜欢看人。他说他之所以卖东西，就是想遇见人（meet people），与人交谈。我想，这个老人家好可怜，一定很孤独寂寞。可是看他那怡然自得、喜乐满怀的样子，又好像与孤独寂寞不搭界。遇见人，我想这倒是一个很新鲜的买卖目的。想想看，即便他不孤独，说不定哪个冰冷的心因着老人对生活的热情而融化了呢！买卖可以不为赚钱。

有一个小朋友，我问他几岁，他说5岁，那里只有他一个人在打理，他说妈妈把东西交给他管理（I'm in charge），让他负责卖。有一样东西标价一毛五分，我问他两毛五（a quarter）可不可以，他说不行，妈妈说一毛五分。他说得非常坚定，不容商量。大概在他小小的心目中，妈妈交给他得这件事是对他的充分信任，绝对不能搞砸了，因此，遵命（follow instruction）比什么都重要。忠诚的品格大概就是这样培养出来的。一家一家走过去，可以看见，许多小小孩把自己的玩具拿出来卖，妈妈们卖自己的东西，孩子们则自己管自己，他们自己定价，自己计算找钱，他需要为他的玩具做解释。好有智慧的妈妈们！买卖可以不为赚钱。

有一群欢天喜地的小女孩在卖柠檬汁。她们对每一个到来的人介绍他们柠檬汁的种类以及为什么卖柠檬汁。她们是童子军，她们卖柠檬汁是为了集资搞活动。妈妈们在一旁聊天，孩子们自己卖，二十五分一杯，每当卖掉一杯，她们就会互相击掌庆贺，充满了成就感。按照这样的价格，她们卖一天也不会卖到多少钱，每一家凑出来点钱搞这个活动，比这样卖费时又费力要轻松多了。可是，孩子们不会有劳而所获的成就感，也体会不到团队精神的重要性！买卖可以不为赚钱。

回想这些事，常常感到，尽管不一样的生活，不一样的过法，但同样的生活，也可以有不一样的过法。那么，同样的买卖，可不可以扩大我们的能力，从爱人爱生活的角度去经营呢？

（作者现居美国）

经济随笔

天兵天将真的打不过孙悟空？ / 聂辉华

——《西游记》经济学之五

一、《西游记》三大谜团之一

《西游记》不只是一部小说，还是一部很深奥的小说，其中玄机四伏，谜团更迭。在网上流传最多的三大谜团是：（1）孙悟空大闹天宫，险些成功，天兵天将为何无人能挡？事后证明，很多天神甚至妖怪其实都可以降服孙悟空。（2）妖怪抓到唐僧之后，为什么总是找各种借口不马上吃他？结果悲剧了，唐僧被救，妖怪自己要么命丧黄泉，要么被人收服。（3）假美猴王究竟是谁？是不是孙悟空本人？三大谜团中，第二个可能是原著漏洞，第三个无从证实，我们留给读者自己去思考。这里单说第一个谜团。

孙悟空至少三次与天兵天将交手。第一次是孙悟空嫌玉皇大帝册封的“弼马温”级别太低（相当于今天的股级干部），私自跑回水帘洞，并打出了“齐天大圣”的旗号，玉帝派托塔李天王和哪吒三太子下界讨伐。孙悟空打败了先锋巨灵神，又将哪吒打伤。第二次交手，因孙悟空偷吃王母娘娘的蟠桃，又偷吃太上老君的仙丹，玉帝派十万天兵天将，布下十八架天罗地网，赶到花果山捉拿孙悟空。孙悟空再次击退李天王、哪吒和四大天神，又打败观音大徒弟和李天王二太子木叉，与二郎神基本打个平手。眼见天庭不能得胜，还是太上老君出手，扔出一个金刚琢，将孙悟空打翻，二郎神遂上前擒住，最后孙悟空被扔进太上老君的炼丹炉。第三次交手，孙悟空在炼丹炉里大难不死，在天宫大开杀戒，以至于“无穷变化闹天宫，雷将神兵不可捉”[1]。万不得已，玉帝传旨派人上西天去请如来佛祖救驾。最终，还是如来厉害，一巴掌将孙悟空拍在五行山下，一下子就镇压了五百年。

孙悟空大闹天宫能够成功，实在没有道理。

第一，就算孙悟空从炼丹炉里逃出来了，也没必要惊动如来。最简单的办法，就是让太上老君再次出手，扔出金刚琢，照样可以打翻孙悟空。别告诉我这招不再灵光，事实上，《西游记》第五十回，在金兜山，独角兕大王就是用太上老君的这个金刚琢

[1] 本文与《西游记》有关的直接引用语句皆出自原著，下同。

多次打败孙悟空以及天兵天将，收走了他们的兵器，还差点捉了孙悟空。除了金刚琢，太上老君的那些武器，例如红葫芦、玉净瓶、幌金绳、七星剑、芭蕉扇，哪一件不能降服孙悟空？《西游记》第三十二回，在平顶山莲花洞，老君的两个看炉童子金角大王和银角大王，就是凭借老君的这些武器，根本不将孙悟空放在眼里，而且还用葫芦把孙悟空捉住了一次。

第二，就算天庭的道教神仙法力不够，佛界能够镇得住孙悟空的也大有人在。比如弥勒佛，作为“未来佛”和东来佛祖，法力恐怕不比作为“现在佛”的如来佛祖差多少，至少他自己敢对孙悟空称“我为治世之尊”，可见绝对有顶尖法力。一个证据是，《西游记》第六十五回，他手下的黄眉童子凭借偷来的弥勒佛的金铙将孙悟空罩住，后来又用人种袋将孙悟空以及他搬来的各路救兵统统生擒，毫不费力。又比如观音菩萨，同样是法力无边。《西游记》第七十回，她的坐骑金毛犼私自跑到麒麟山，凭借观音的三个金铃变得威力无穷。观音菩萨自己都承认：“若不是你偷了这铃，莫说一个悟空，就是十个，也不敢近身！”

第三，除了天庭大仙和佛界高人，一些地上的神仙也能轻易摆平孙悟空。例如，在五庄观，孙悟空推倒了人家的人参果树，被镇元大仙赶上，一袖子将师徒四人活捉了去。此外，还有一些妖怪法力高强，也能让孙悟空无可奈何。譬如，在黑风山，黑熊精与孙悟空打个平手。在黄风岭，黄风怪喷出黄风，孙悟空便狼狈而逃。此外，红孩儿、大鹏精，那都是一等一的高手，哪个打不过孙悟空？玉帝既然是天上人间的统治者，想必有办法收服地上的各路妖神，怎么会没办法捉住孙悟空呢？

为了便于比较，我将西天取经路上所有与孙悟空交手的高手（神仙和妖怪）归纳如下表。除去普通妖怪不表，单就这十次遭遇，若没有神仙、菩萨和如来相助，哪怕十个孙悟空都保不了唐僧到西天！

表1　法力高强的神仙妖怪

地点	名称	输赢
黑风山黑风洞	黑熊精	与孙悟空平手
黄风岭黄风洞	黄风怪鼠	喷黄风打败孙悟空
五庄观	镇元大仙	一袖子活捉师徒四人
平顶山莲花洞	金角大王、银角大王	红葫芦、芭蕉扇打败孙悟空
火云洞	红孩儿	三昧真火击退孙悟空
金兜山	独角凹大王	金刚琢打败孙悟空
西梁女国琵琶洞	蝎子精	蜇伤孙悟空
狮驼国狮驼洞	大鹏精	生擒孙悟空

二、分享权力比控制权力更重要

回到我们开头的问题，既然太上老君可以搞定孙悟空，镇元大仙可以搞定孙悟空，观音菩萨、弥勒佛祖更是可以搞定孙悟空，那为什么他们在大闹天宫时不出手帮助玉帝？理由很简单，原因很复杂。理由是，这些大仙或菩萨帮了也是白帮，得不到半点好处，搞不好还变成了孙悟空这只疾恶如仇的猴子的死敌。

这绝不是说，玉帝是个吝啬小人，不懂得封赏。事实上，他还是懂得论功行赏的。例如，第一次派李天王和哪吒下界捉拿孙悟空时，玉帝就给他们分别封了"降魔大元帅"和"三坛海会大神"的头衔，事成之后想必能够加官晋爵。二郎神本是玉帝外甥，但是"听调不听宣"，不过帮忙之后，玉帝待他不薄，"赏赐金花百朵，御酒百瓶，还丹百粒，异宝明珠，锦绣等件，教与义兄弟分享"。可见，玉帝不是小气鬼，对部下赏权赏钱。问题是，玉帝的这些部下（如李天王和哪吒）虽然动力十足，愿意全力捉拿孙悟空，奈何功夫却不行。而功夫足够的大仙菩萨们（如太上老君和观音菩萨），又没动力出手相助。为何？因为对这些大仙菩萨而言，根本不缺金钱，可玉帝又没法和他们分享权力，也不可能给予他们更多权力。

玉帝是谁？他实际上是《西游记》中最有实权的人，没有之一。他是名副其实的独裁者。对于独裁者或专制者来说，保住权力有两个统治法则。

法则一：要善于控制权力。古往今来，控制权力的根本措施可以说是异曲同工的，无外乎两种手段。一手是软的，通过意识形态宣传控制黎民百姓的思想。例如，古代皇帝的圣旨第一句永远是"奉天承运"。这什么意思？意思是皇帝代表天子治理国家，每个人都敬畏天地，因此也要敬畏天子（皇帝）。在当今政教合一的国家，皇帝、国王、酋长既是宗教领袖，又是最高元首，这是意识形态治国的典型表现。另一手是硬的，通过警察和监狱来镇压造反者。法则一是对老百姓而言的，但光是控制权力还不够。

独裁者保住权力的法则二：分享权力，这是针对内部统治集团而言的。最近，美国伊利诺斯大学香槟分校政治学教授 Svolik 总结了 1946–2008 年这 62 年里全世界 316 个独裁统治者非正常失去宝座（不包括自然死亡和选举）的原因（Svolik，2012）。其中，政变占 68%，群众起义占 11%，民主转型占 10%，刺杀占 7%，外国干预占 5%。这说明，对独裁者来说，控制权力固然重要，但群众起义推翻政权的概率远低于内部政变的概率。换句话说，堡垒往往是从内部攻破的。而政变往往是因为权力分享没有在统治集团内部搞好，因此分享权力比控制权力更为重要。懂得分享，才能基业长青！

三、玉帝没法分享权力

既然分享权力很重要，为什么独裁者不舍得在统治集团内部分享权力呢？就像刘备、关羽和张飞那样，桃园三结义，有福同享，有难同当。但这是孤例，相反的例子则不胜枚举。像刘邦、赵匡胤，还有朱元璋，在当皇帝之前，哪个不是结拜金兰，恨不得和一起打天下的创业兄弟们同穿一条裤，同睡一张床。而一旦坐上了皇帝的宝座，对不起，“飞鸟尽，良弓藏。狡兔死，走狗烹”。这是亘古不变的规律。对皇帝来说，“有难同当”是必须的，“有福同享”是不可能的！

既然分享权力比控制权力更重要，那为什么独裁者、皇帝、君主不舍得与亲密的部下分享权力呢？不是他们不愿意分享，而是基本不可能分享。因为最高政治权力的根本特征是“零和博弈”，难以分割，难以分享。就像一张饼，你吃多了，他就吃少了，不可能你们越吃越多的。不管是研究政治学的，还是研究政治经济学的，对权力的理解在这一点上都是相同的。比如，玉皇大帝能给帮了忙的太上老君再封官吗？不可能！在道教中，身为“太清”的太上老君是道教的创始人之一，也就是古代的老子李耳，他与玉清元始天尊、上清灵宝天尊一起被称为“三清”。论辈分资历，太上老君在道教仙界的地位应该高于玉皇大帝。因此，当老君去找玉帝时“玉帝即同王母出迎”，可见其地位之高。太上老君高居三十三天之上，又是道教创始人，玉帝拿什么权力和他分享？总不能将自己的皇帝宝座让给他吧？在《西游记》中，老君的地位极高，法力很可能最强。如表1所述，在打败孙悟空的历次事件中，就数老君的法器最多，连观音的金铃都是老君炼制的。而且，他的金刚琢连如来都破不了，还白送了他十八粒金丹砂！本来卧榻之侧，就不容他人酣睡。面对这样地位尊崇、实力超群的太上老君，玉帝拿什么奖励他？

至于镇元大仙，人家是地仙之祖，在地上就是老大，对天庭的权力估计也不感兴趣。而观音菩萨与玉帝根本不“搭界”：玉帝属于道教神仙，而观音属于佛教神仙。观音都没法打赏，弥勒佛就更不必说了。那么，如来为什么肯出手帮玉帝？一来是玉帝下旨来请，这个面子还是要给的，否则就是自己没本事降服一只妖猴，传出去多没面子！二来，如来有自己的小算盘。收服了孙悟空，就帮取经项目找到了这个创业团队的核心骨干，而且将佛法从西天渗透到东土，势力范围大大扩张，这笔交易简直就是一本万利啊！

（作者系中国人民大学经济学院教授）

武则天缘何成为唯一女皇帝？ /刘宝宏

一、武则天称帝之谜

武则天是一个例外，也是一个唯一。中国历史上，后妃执政并不稀罕。她们或怀抱幼主，于帘内执掌朝纲；或假手皇帝，在枕上左右政局。但是，尽管大权在握，她们却都不曾推开她们的傀儡，改变自己从属于皇帝后妃的身份。只有武则天（624—705年），公然从幕后走到前台，冠冕堂皇地做了真正的女皇帝。问题是，为什么武则天会成为例外与唯一？

一个常见的解释是武则天够狠够毒、手腕高超。据说女人狠毒起来比男人更甚。这说法不一定具有普遍性，但武则天的狠毒确实是令许多男人难望其项背。典型事例是武则天名曰的“骨醉”：655年（永徽六年），武则天派人将正被囚禁的废后王氏和萧淑妃各打一百棍杖，断其手、足，投入酒瓮之中，还气愤不过地说：“令此二妪骨醉！”。王、萧二人在酒瓮之中哭喊数天数夜才气绝身亡。“狠毒说”有点“主观努力”的味道，以至于有人把武则天当作妇女个人奋斗改变命运的代表。另一种解释则有点“机遇说”的意思，是说各种风云际会的耦合，促使武则天一步步登上权力之巅，位高权重，登基称帝只是水到渠成的事。诚然，倘若唐高宗李治没有风疾发作，头晕目眩，也就没有武则天的“二圣临朝”；倘若李氏诸子哪怕有一个强悍有力，也可能防止武则天分割宰相权力、剪除唐宗室、废黜诸子……历史是由一系列偶然写成，不能假设，也不能更改。但武则天称帝的史实，能否用一个“机遇”就解释过去？

令人满意的科学解释，除满足内部逻辑一致性之外，还必须满足外部经验一致性。这意味着，倘若“狠毒说”或“机遇说”成立，那么，凡符合此假说条件者，都应登基称帝。可惜的是，历史给出了否定答案。比如，汉高祖刘邦的老婆吕后，其狠毒程度比武则天有过之而无不及。在武则天的“骨醉”之前，她早早就“发明”了“人彘”：汉高祖刘邦死后，吕后把他的宠妾如意夫人抓来，剁去手脚，割掉鼻子、耳朵、舌头，挖出眼睛，丢在猪圈里喂养。论权势，吕后也不输武则天，其临朝天下，先后掌权达

15年之久，但她却始终未登上皇帝宝座。再如慈禧太后，她是1861年至1908年间大清帝国的实际统治者，掌权时间长达47年，不仅超越武则天、吕后，且超越大多数帝王，在清代也仅次于康熙帝与乾隆帝。统治期间发动政变三次，对政敌之整肃绝少留情，即使对亲生儿子同治皇帝以及继位皇帝光绪皇帝的操控及管制亦相当高压严峻。狠毒如此，权势如此，但她也仅是垂帘听政，“无冕女皇”。

新制度经济学代表人物诺思说，“制度变迁决定了人类历史中的社会演化方式，因而是理解历史变迁的关键”。那就让我们追随诺思的步伐，用制度经济学破解一下武则天称帝之谜吧。

二、佛教与皇位

制度是形塑人类行为的所有约束。制度约束包括两个方面：有时它禁止人们从事某种活动；有时则界定在什么样的条件下某些人可以被允许从事某种活动。从进入后宫到贵为皇后，虽然大权在握，权倾朝野，但武则天想要登基称帝，却必须解决一个最大的难题：如何让天下人接受女人也可以当皇帝？在唐代，虽然由于汉族“胡化”、社会开放等因素影响，妇女的社会地位不像明清封建末世那般低贱，所受到的封建礼教约束与压迫较少，但若要打破“男尊女卑”的传统文化，从“男人的背后”走向前台，也绝非易事。

武则天选择了制度改革。在唐代，有三大体系支撑人的思想、约束人的行为。第一个体系是儒家，第二个是道家，第三个佛家。李唐皇室为证明其“改朝换代”的合法性，自称为道家太上老君李耳后裔，因而唐高祖、唐太宗将道教奉为全国第一宗教，“道在佛先”。666年（乾封元年），高宗下令尊老子为太上玄元皇帝。玄宗进一步尊老子为大圣祖，令人画老子像颁于天下，要求生徒皆习《老子》《庄子》等。据统计，到884年（中和四年），全国共有1900余所道宫，道士达1.5万余人。武则天要把李唐皇朝换掉，显然不能选择道家。同时，儒家也不是可行性选项，因为儒家提倡的“三纲五常”等男尊女卑思想，从根本上反对女性参政。所以，武则天可以选择的思想体系就只有佛教。

佛教有三点好处可以支持武则天：第一，佛教虽然不支持男女平等，但强调众生平等；第二，佛教当时拥有相当强大的社会影响力；第三，武则天有她自己的思想基础，武则天的母亲是一位虔诚的佛教徒，她从小受母亲信仰影响且有过在感业寺出家为尼的经历，所以武则天非常希望佛教可以支持她。与此同时，在与道家竞争中处于下风的佛教，也在睁大眼睛寻找庇护人，于是，武则天跟佛教一拍即合。

690年（载初元年）七月，东魏国寺僧法明等和尚伪造的《大云经》问世。此经中有两段文字谈到女人可以做国王：其一是说有一位叫净光的天女，被佛预言当国王，因为这位天女是菩萨化为女身；其二是说净光天女现受女身，天下诸人要奉此女以继王嗣。武则天马上号召全国都来学习《大云经》，在各州都建了大云寺，都藏一本《大云经》；再让高僧们合著一本《大云经疏》，相当于《大云经》的注释版、普及版，再次论证净光天女就是武则天本人，她现在就是以女身统治国土。经过佛教的吹嘘和推动，武则天不仅取得政治上的至尊地位，还取得了精神领袖的至尊地位。水到渠成，当年十月，武则天即在洛阳应天门登基，改国号为“周”，改元“天授”。

武则天与佛教的“合作”让其成为中国历史上唯一的女皇帝。佛教的“众生平等”思想帮她消除了女人不能称帝的行为约束，“净光天女”的传说则等于直接把她推上了皇帝宝座。与之比照，吕后时代，提倡“男尊女卑”的儒教正处于上升阶段；而慈禧太后时代，封建礼教虽呈没落之势，但影响依然根深蒂固，所以，她们虽然同武则天一样，够狠够毒且权倾朝野，但却始终不能、不敢走向前台，登基称帝。

三、文化与政治的互构

正如诺思所言，“什么样的组织会出现，以及它们如何演化，这两方面均受到制度框架的根本性影响。反过来，它们也影响着制度框架的演化”。作为一位名副其实的政治家，武则天通过推崇佛教，悄悄地改变了女人不能当皇帝的社会认知，为自己登基称帝提供了制度基础，从而创造了“空前绝后”的历史。另一方面，作为制度框架的佛教，也因武则天的登基称帝而一跃成为主流思想体系并到达自身的巅峰状态。

武则天一上台，马上将李唐的“道先佛后”改为“僧道并重”，然后又进一步明令“自今以后，释教宜在道法之上，缁服（僧人）处黄冠（道士）之前”，用官方行政命令把佛教的地位置于国家第一。为表示对佛祖的崇敬，武则天把自己的尊号定为“慈氏越古金轮圣神皇帝”。慈氏，意指弥勒；“金轮”是指佛教中的“金轮王”。与此尊号相对应的，是一系列近乎狂热的礼佛行动：

第一，交结僧人，厚礼相待。神秀，俗姓李，汴州人，少习经史，博学多闻，后出家受具足戒。武则天久闻神秀盛名，于700年（久视元年）派遣使者迎至洛阳，用肩舆把神秀迎入太殿，“亲加跪礼”，神秀所在道场的一切需用，均由朝廷供给。法藏是华严宗的创立者，依靠武则天的支持，华严宗很快成为一个很有影响的宗派。武则天听说继玄奘之后又一位西行取经的高僧义净满载而归，亲自到洛阳城东门外迎接，垂问赏赐，礼遇甚厚。此外，武则天还曾召见过东渡传法高僧鉴真的师傅弘景律，请他入宫作授戒师，于唐宫弘扬佛法。一时间，佛教高僧成了社会名流，走到哪里，哪里欢迎。

第二，组织译经，亲为作序。《华严经》在东晋时曾有佛陀跋陀罗的60卷译本，但这一本子并不完整。于是，武则天派人去于阗求取梵文的全本，组织力量进行翻译，诏令著名译经僧实叉难陀主持译事，从695年开始，至699年完成，在武则天的一手经办下，完成了《华严经》80卷译本。中国佛教宗派之一的华严宗，就是依据此经在武则天时创立的。《华严经》译成后，武则天又兴致勃勃地亲自作序。此外，武则天还撰有《大唐新译圣教序》《大周圣教序》，均是为佛经译文写的序。唐朝以译经著称的大师有几十位，生活在武周时代的就有十五位。

第三，建寺造像，广积“功德”。武则天在全国各州都建立了一所大云寺，史书记载，唐朝的名寺有38所，其中在武周时期建立的占30%以上。佛教传入中国后的第一座寺院白马寺，在武则天时成为她的御用佛寺。她派她最宠信的僧人薛怀义住持该寺，白马寺本来有三百多个和尚，但在武周时期，住持薛怀义的侍从就有一千多人。佛像雕塑在武则天时期也达到了高潮，龙门奉先寺的卢舍那大佛就是当时造像精品的代表之作。武则天曾为大像的开凿“助脂粉钱二万贯”，并主持工程落成的“开光”仪式。

据《资治通鉴》记载，武则天常在洛阳举办无遮大会。无遮大会乃是佛教布施僧俗的斋会。“无遮”是梵文的译音，意为佛教信徒无论尊卑贵贱，均可以无遮无拦，平等参与法会。武则天在举办无遮大会时出手大方，为烘托气氛，制造人气，她特命太监在会场上撒钱10车，让人抢拾，以致每次举办无遮大会，都会因拥挤践踏死伤不少人。武则天还鼓励寺院开设戏场，用百姓喜闻乐见的形式将佛经教义表现出来。每逢新戏开场，观众络绎不绝。她举办的这些活动，使佛教文化逐渐世俗化、民俗化，佛教成了“武周”的国教，洛阳成了佛教的圣城！

总起来看，在武则天一统天下的日子里，佛门与宫门是相通的，其内在理论含义在于：文化与政治是相互建构的。作为一种非正式制度，文化为政治提供了“合法性”，而政治则为文化确立了“正统性”。所以，不是武则天利用了佛教，也不是佛教利用了武则天，而是只有二者的亲密“合作”，才可能出现中国历史上唯一的女皇帝与佛教在中国历史上的巅峰状态前所未有的共振！

四、“武则天效应”

尽管诺思有所强调，其理论探讨的范围包括政治制度与经济制度，但无论是其本人还是读者，似乎还是把焦点放在了制度对经济绩效的影响方面，而对制度对政治层面的影响重视不够甚至有所忽视。从历史研究的角度看，沿着制度对政治层面的影响思路，对某些问题可能会得到更好的“因果解释”。实际上，武则天之后唐代的很多现象，都是对武则天时期文化与政治均衡的延续或重构。我们不妨称之为“武则天效应”。

比如“武韦之祸”。武周王朝宣告终结之后，出现了一个接连不断由女性唱主角的时期，一般通称为“武韦之祸”。唐中宗的妻子韦后与婆母武后一样，也是一个权势欲极强的女人，她的女儿安乐公主则作为一位成不了皇太子的皇太女，一直怀抱有要当女皇的野心。另外，中宗的妹妹太平公主也有很大的潜在影响力。其中，韦后母女尤其猖狂，她们为了敛财和扩大自己的权势，疯狂地卖官鬻爵，甚至在710年（景龙四年）毒杀了挡道的中宗。虽然韦后母女因弑君行为被中宗的侄子李隆基起兵铲除，但太平公主却笼络住了哥哥睿宗（李隆基的父亲）而掌握了实权，进而开始想方设法削弱李隆基的权力。李隆基先下手为强，出兵迫使姑姑太平公主自杀。至此，女性弄权并主导政治的时代才告终结。为什么会出现这样一个中国历史上绝无仅有的女性主导的时代？答案或许在于佛教文化为女性参政提供的制度支持依然存在。女皇帝，武则天做得，我为什么不可以？这是韦后等女性的真实想法吧？

再如“会昌毁佛”（也称“会昌法难”）。这是唐武宗会昌年间发生的一系列废佛运动，导致“天下所拆寺四千六百余所，还俗僧尼二十六万五百人，收充两税户；拆招提、兰若四万余所，收膏腴上田数千万顷，收奴婢为两税户十五万人”，被视为佛教史上的一场浩劫。对于其背景与原因，大多归于佛教寺院土地不输课税，佛教寺院经济过分扩张，损害了国库收入以及倾心于道教的唐武宗与道士赵归真等人的合谋等。但是，制度视角的审视或许更加令人信服：随着武周王朝的谢幕，皇位重新回归李家，男人们再次成为政治舞台的主角，新皇帝需要新文化，佛教已无为皇位提供支撑的意义，受到抑制也就不难理解。

又如唐代后期的“皇后之位长期空缺”现象。与其他朝代大不同，有唐一代，四分之三以上的时期都没有皇后，尤其是唐代后半期，几乎没有设置过正规的皇后。其中唐宪宗的郭妃，其父是重臣郭子仪，其母是唐代宗的长女。除此显赫的家世门第之外，郭妃还为宪宗生了皇子（即其后的穆宗）。所以，无论从哪个意义上来说，郭妃都具备了当皇后的资格，且当时周围的呼声也很高。但是，唐宪宗却一直没有同意立郭妃为皇后。这是为什么呢？或许也是“武则天效应”之一。如果一旦成为皇后，就意味着有了染指政治、掌握实权的机会。看来，李唐后人真是怕了武则天！

显然，上面的解释很粗略，还需要更多的论证，但武则天效应无疑是一个值得关注的视角。历史学家们注意喽！

（作者系东北财经大学工商管理学院副教授）

我的毛里求斯护照 / 李一豪

护照缘于对毛国的投资

1986年12月中旬的一天，总公司王验总经理打电话到香港，告诉我：接中国驻毛里求斯陈端大使电话，毛国鸠毕市文华酒店要出售，价格便宜，如五矿有兴趣，可派人来洽购。当时，总公司想在毛国设点作为跳板，向南非发展。我听后也认为是个机会。王总要我尽快到毛国去一趟，如合算，可以买下。

当时，我在五矿所有的香港企荣公司任董事长，除了做贸易，还协助总公司在海外做一些设机构的工作。几天后，我和宋玉书同志于12月23日动身，24日凌晨两点左右到达毛国。使馆商务参赞于厚华同志接机，安排我们住文华酒店，并交代我们，对外作为游客，不要暴露身份和意图。我们在酒店住下后，上午九点半，大使馆派人来接我们，去使馆向陈大使做了汇报，听取了他的意见。具体工作，由商务处协助进行。经和酒店大股东谈判，才得知该酒店由六家华人出资，先买下一个法国医生的花园城堡，之后又新建了一栋五层酒店。由于该酒店不在海边，生意清淡。合伙人都已年迈，有的移居了其他国家。大股东这次从美国回来，决意卖掉，只出售给非出资方，现金交易，一次付清。

我们查看了房地产文件和现存的资产负债状况，商务处推荐该国总理儿子的会计师事务所进行资产评估，另委托一位华人律师办理有关法律文件手续。最后，达成口头协议，总价55万美元，15天之内签订正式买卖合同。但根据毛国法律规定，外国公司在毛国购买不动产，持股不得超过49%，毛国公民必须持51%。经人使馆商务处推荐，由一位毛国华人与我们合作，最后买下了这个酒店。以香港企荣公司名义在毛国成立了毛里求斯五矿有限公司，我兼任董事长。后来，商务处于参赞任职期满，聘她为总经理，主持公司工作。

毛国是印度洋上的一个小岛国，全国人口只有125万人。我们买下文华酒店后，当地报纸纷纷予以报道和发表评论。1987年12月毛里求斯五矿公司开业典礼酒会，毛国有两位副总理和几位部长也前来参加，五矿公司一时成了人们议论的话题。

毛国文华酒店对五矿总公司来说就是一个小招待所。为了扩大五矿在毛国的业务，必须独立开展工作。王验总经理当时决定给我和陈俊两人办投资移民护照。经陈大使向国内请示后转告我们，中国不允许双重国籍。但为了海外业务需要，可以特例申办，但回中国不得使用。经毛里求斯总理批准，毛国护照局于1988年2月10日和3月1日分别颁发给我和陈俊该国护照，事先还到移民局进行了宣誓签字。我因没有经验，毛国护照上还使用我的中文姓名，贴的照片还是穿着中山装。后来持该护照去有关国家，在入境时经常受到盘查。

毛国护照使我可以当地人身份开展工作

拿到毛国护照后，办的第一件事是在毛国申请了一张开办博彩业务的牌照。第二件事是在毛国海边，以我和陈俊两人的名义替五矿公司买下96英亩甘蔗田，原本准备盖海景酒店和别墅。后来因人事变动等种种原因，原计划没有实现，最后把这块地又转手掉，公司净赚400多万美元。

毛里求斯原是法国的殖民地，直到现在，乡村居民除了讲土语，还都会讲法语。后来英国占领了毛里求斯，现在属于英联邦国家。国家虽小，但世界上不少国家，对毛里求斯护照给予了免签证待遇。这对我后来到几个国家办理紧急业务，确实提供了方便。

持毛国护照访问韩国

1988年4月，中国和韩国尚未建交。为了开辟从韩国进口钢材业务，我持毛国护照，在一位香港职员的陪同下，到韩国访问。韩国有关厂家和大商社，大家心照不宣，都知道我的来历。在世界钢厂居前的浦项钢铁公司和光阳、三星、现代等六家大商社，都是一、二把手出面接待会见，相当重视。

在光阳，厂领导排队欢迎，还有一条用汉字写的欢迎横幅。后来去参观现代钢管厂，他们在办公楼门口也挂了一条欢迎横幅。光阳钢厂给我留下了特别深的印象，设备先进，管理严格，产品优良。在当时世界钢厂中名列前茅。据说为了填海建设该厂，会长朴泰俊三年不喝酒，不打高尔夫球。正好在世界钢材需求旺盛时投产，一时名声大振。当时韩国总统卢泰愚亲笔题词“钢铁是国民经济之本”送给钢厂。另外一个印象比较深的是，光阳钢厂办了钢铁研究院，钢铁工业大学和中学、小学。他们还安排我到大学、中学、小学进行了参观。在小学四年级一个班，老师让学生给我们表演了乐器演奏和写汉字比赛。陪同人员对我说，朝鲜和你们的关系那么好，却早已取消了小学的汉语教学和使用汉字，而我们的小学专设了汉语课程。我说总有一天他们会重视汉语教学的。不然，李朝之前高丽的历史就讲不清了。

从外地参观后回到首尔，我原计划拜会乐喜金星社长，但浦项公司人员通知我，他们的朴泰俊会长要见我。我见乐喜金星的时间，由他们负责更改。和朴会长会见计划为二十分钟。见面后我着重谈了参观印象和他给光阳钢厂的题词“资源是有限的，创意是无限的”。我说，我们的信仰虽然不同，但你提出的这个口号很科学，符合马克思主义的唯物论和辩证法。他最后说了一句话，使我感到很惊喜。他说毛泽东是中国的民族英雄，你们不能否定他。原本二十分钟的礼节性会面，一下子谈了一个小时。他自己还做了我的谈话记录。事后，他们公司的副社长刘常夫先生对我说，这些年，他陪同朴会长见了不少外国客人，会见超过预期之长，认真听取客人意见并亲自做记录的，你是第一人。

持毛国护照访南非

1988 年 8 月初，我持毛里求斯护照去南非访问。我先随团到莱索托访问。当天晚上莱索托工业矿产部长宴请我们。席间，我向中国驻莱索托大使了解南非的情况，并问他能不能去南非访问。他说南非白人政府实行种族隔离政策，我国也参加了对南非的经济制裁，它又和台湾蒋帮有外交关系。所以，我们和南非绝不往来。根据这种情况，我告诉同来的同志，明天我一个人去南非，如果大使问到我，就告诉他，家有急事，来不及告别，回香港了。

8 月 5 日，我乘南非航运公司总经理的车，去南非约翰内斯堡。因为我持毛国护照，在南非海关我连车也没有下，把护照递出去，盖了章，就进了南非。莱索托是南非国中之国，在南非北部最高原。从莱索托出发，一路下行，路上车也很少。车进入一个平原区，看到这里的玉米、向日葵秆子很矮，但穗比较大。因为我从小生活在农村，对农作物有感情，我让车停下来，参观了玉米和向日葵，同时发现地边停放的一台拖拉机，竟是上海拖拉机厂的产品。当地人说，一台美国生产的拖拉机的价钱，可以买三台中国拖拉机。中国货虽然便宜，但质量差，费油又漏油，又没有售后服务。一台机器坏了，只能从另一台上拆下零件来更换。快到约翰内斯堡时，看到一个像小城市的大工厂。总经理说，由于南非受到制裁，缺乏石油，逼我们自己想办法从煤炭中提炼液化石油气。你们中国煤炭多，石油少，应该引进这项先进技术。并说现在还有时间，带你进去参观一下。我是个外行，对此项技术一窍不通。但又不能拒绝他的好意，就进去走马观花，转了一圈，还拍了一些照片。后来回国后，还向国家计委能源局写了封信，附了不少照片。结果，石沉大海。

在南非期间，一位从澳门到南非定居的名叫汤姆森·王的人，陪同我访问兼做翻译。第二天，王先生开车陪我访问南非最大的钢铁公司依斯可。我第一次遇到进公司还要进行安检。首先，拜会钢铁销售部经理，然后是公司董事长会见。我是以毛里求斯五矿董事长的身份出现的。他再三询问毛里求斯五矿和北京五矿总公司是什么关系。我回避这个问题，强调毛里求斯五矿的母公司是香港企荣公司。我几次提出参观他们公司的钢铁还原法生产工厂。他也几次回答，这次去参观不方便。于是我又去拜访他们的铁矿砂经销部。从铁矿砂部门出来后，他们通知我，车已经备妥，在门外等候，马上去还原法工厂参观。我到后，工厂厂长等几位领导已在厂大门口等待。在会议室作了简单介绍，说这是他们工厂的专利。目前，世界上只有他们一家能将铁砂直接炼成钢水，进行连铸连轧，年产量已达到60万吨。中午回到依斯可总部，董事长宴请我时说，看来你是世界上最大的钢铁买主，你的德国朋友向我介绍了你的情况。

离开约翰内斯堡，乘飞机去德班，参观世界上最大的散装矿砂码头德班港。这是个深水港，码头可以同时停靠万吨至40万吨级船只30多艘。全部机械化，工人很少。后来，我到地球最南端的开普敦港参观，还顺便去了好望角。去之前，有人骗我说，好望角是印度洋和大西洋的分界线，一边海水是蓝的，另一边是绿的，水火不相容。到后看到两边的海水根本没有什么不同。

南非资源十分丰富，除没有钨锑矿外，几乎所有矿产都有，是五矿公司投资的好地方，贸易发展潜力也很大。我向总公司建议在条件成熟时，设立子公司，开展工作。

结束在南非访问后，汤姆森·王送我到机场。在我准备出关和他告别时，他低声对我说，附近站着的两位中国人，是“台湾驻南非使馆”的情报人员。他们从毛里求斯一家台湾旅行社得知你来南非，这几天经常盯着你，还打听你来南非的目的。我开玩笑说，我是个生意人，他们盯我，完全浪费了他们的时间。

在澳洲做房地产生意

1989年4月，为配合总公司开展跨国多种经营，我带了一个小组到南太平洋岛国巴布亚新几内亚访问，回程在澳洲五矿徐丹书总裁的邀请下，我们到澳洲考察。途经澳大利亚昆士兰省时，看到日本、新加坡等国商人在黄金海岸和阳光海岸进行房地产开发，生意相当不错。我们在那里也看了几块待开发的土地。临上飞机前，和澳洲五矿公司徐总裁联名给总公司写了报告。建议在昆省开展房地产业务，并建议，每笔生意在 150 万澳元之内的，由我们决定，报总公司备案；超过 150 万澳元的，先报总公司批准后再成交。三天之内总公司批准了我写的报告，并由澳洲五矿徐总裁买了一个空壳公司，立即开展了业务。正当我们组建公司从国内派干部时，遇到了“六四”风波。澳大利亚政府也加入到西方反华行列中了。对持中国因公护照去澳洲出差的，一律不给签证。我们先后报了两批人，全部拒签，不得已先派了一位香港职工去进行日常工作，再就是我持毛国护照每月前往一两次。1990 年 1 月下旬中国春节，因其他国内同事不能来澳，我一个人在布里斯班工作了近一个月。我们在一年之内先后买进三块林地，开发后，建别墅式居民小区。两年间盈利近两千万澳元，真正赚了外国人的钱。我们的房地产公司在昆士兰省也有了名气。

有一次，一位当地的华人职工问我，你是董事长，徐先生是总裁，掌握几千万上亿美元资产，平时你们不住大酒店，住家庭旅馆，吃饭公家开支，你们还算了又算，舍不得好吃好喝，为什么这么节省？政府为什么担心大陆干部外逃？我说，我们这一代人，就是拿棍子赶，也赶不走我们。俗话说，儿不嫌母丑，狗不嫌家贫。中国再穷，也是自己的祖国。

持毛国护照，给公司办的最后一件事是 1993 年 1 月中旬，美国阿科石油公司要求五矿公司立即派代表到日本东京，谈中国南海至香港天然气海底钢管供货业务。那时我已调回总公司工作，为不失时机，我先到香港，当天换用毛国护照去东京，按时和美国公司谈判。经过艰苦谈判，圆满完成了任务。

这本护照，在我调回北京工作后便上交了。它为我的工作提供了方便，完成了它的使命。

（作者为中国五矿公司前副总经理）

点滴创新带来巨大收益：美尔模式的经济学解读

/蒲勇健

当下中国的房地产销售可谓处于严冬。但是，重庆却出现一朵奇葩。一个房地产销售公司，近来卖房业务做得风生水起的。在位于南岸区的公司总部，每天都是门庭若市，买房人络绎不绝。不仅仅买房者多如过江之鲫，从全国各地来重庆南岸找该公司签约，委托该公司代理他们卖房的公司也像朝山拜佛一般。这家公司名叫美尔地产。

美尔地产前几年也是一家普普通通的房地产销售公司，特别专注于销售旅游地产。鉴于国外发达的分时度假旅游地产销售模式，美尔地产一度也开展分时度假商业模式的推广。譬如，将旅游地产销售与返租，然后开展分时度假商业模式进行捆绑，获得收益作为公司促销的手段。购房者把买来的度假房返租给美尔公司，美尔公司再将度假房进行分时度假模式出租，获得的收益一部分作为购房者的回报。这种模式本来来自国外，在国外有一百年的成功历史了。但是，商业模式也存在水土不服的情况，产生于国外的分时度假模式在中国却惨遭滑铁卢。美尔地产发现，由于文化的差异，分时度假模式在中国行不通，销售业绩惨不忍睹。这是为什么呢？原来，差异来自中国人和外国人在法制环境、法律意识方面的不同。分时度假模式的运行要求严格的契约保证，一旦签约，就不能随意更改。但是，在中国，人情世故似乎强于法律，这会影响分时度假模式的运行。譬如，你作为消费者已经签约，打算春节到海南岛一间度假屋待一个月。但突然有一个有背景的大人物也想在同一时间在同一度假屋待一个月。在国外，你已经先于他签约，他是没有可能的。但是，在中国，他的权势背景就可能让公司与你毁约。正是这样的可能，让中国老百姓对分时度假模式缺乏信心，于是就影响到分时度假的市场，进而影响到分时度假旅游地产的返租收益，造成购房者的风险高企，最终影响到购房者的积极性，所以销售就成为问题。

美尔公司高层及智囊发现，由于中国人缺乏契约精神，分时度假的市场风险比较大，导致返租模式的旅游地产购房者对于投资收益存在顾虑，进而影响旅游地产本身的销售。但是，投资收益仅仅是全部收益的一部分。如果增加投资者的度假选择机会，也会是购房者的收益之一。美尔地产于是推出可选择度假基地的配套——凡是投资美尔地产度假屋的投资者，每年可以申请在其投资的度假屋免费居住28天，具体的时间由其任意选择。当然，这种模式并不是美尔的独创，几乎所有的返租模式旅游地产的销售都有类似的承诺。关键是，美尔还在此基础上进一步把投资者的度假地点选择进行了范围拓展——任何美尔地产的投资者都可以每年申请到世界各地去免费度假若干天，只要在投资者申请的地方有美尔地产。也就是说，美尔地产公司把他们卖出去的所有度假屋作为一个体系，而所有购买美尔地产的投资者就成为美尔地产的会员。所有的会员有权申请每年到世界各地有美尔地产度假屋的地方免费居住若干天。事实上，目前美尔地产还签约了许多地方的四、五星级酒店，一旦美尔地产的投资者打算申请的地方还没有美尔地产出售的度假屋，或者其他投资者在他之前已经申请满了所有该地方的美尔地产度假屋，美尔地产公司也可以通过当地的签约星级酒店来满足该投资者的需要。也就是说，该投资者可以在他申请的时间去免费住那里的酒店。这样，投资者的效用就提高了。因为随着社会的进步、人均收入的提高，休闲度假逐渐成为人们的需要。会员制提升了投资者的效用水平，也会激发投资者的投资欲望。然而，这个也并不是美尔的独创，许多旅游地产房地产公司早就设计了候鸟式的度假返租的商业模式。美尔的独创在下面几步：

一是将投资者投资的度假屋所在地的五星级酒店日平均价格指数作为基本的乘数，将它乘以28天，作为当年给予投资者的积分或者点数送给投资者。如果投资者当年决定在某个地方度假，而这个地方不一定就是他购买美尔地产所在的地方。那么，把他当年的积分除以该地方的五星级酒店的日平均价格，就是他在该地方的美尔度假屋可以免费居住的天数。如果投资者购买的度假屋所在地的五星级酒店价格很高，则他的积分就很多，去别的地方免费居住的天数就越多。譬如，如果投资海南三亚的度假屋，因为三亚的五星级酒店日平均价格很高贵，投资者获得的积分就很高。如果春节期间投资者不打算去海南度假，而是选择同样是阳光城的四川西昌度假，因为西昌的五星级酒店比起海南岛来说很便宜，投资者在西昌可以免费居住的时间就会远远地大于28天，或许达一个半月。

二是这种积分机制的设计可以让投资者的度假居住成本不因为未来的通货膨胀而上升——这是美尔模式的一个亮点，它可以为未来的度假对冲通货膨胀的风险！目前，美尔地产公司给予投资者每年免费度假居住的时限是40年。也就是说，如果投资者购买了美尔地产的度假屋，他可以在美尔度假屋体系中每年免费居住28天的权利存在40年的有效期。在未来的40年里，无论五星级酒店的价格如何上涨，投资者的积分几乎总是能够保证他在其投资的美尔地产度假屋每年免费居住28天，因为，尽管五星级酒店的价格涨了，投资者的积分也几乎是按照同样的速度上涨了。显然，如果全国各地的物价水平按照同样的速度上涨，丝毫不会影响到投资者选择任何一个地方免费居住度假屋的天数。

由此，我们看到，通过会员制，美尔地产投资者的度假效用得到了大幅提高。下面，我们再来看看美尔地产的进一步创新，该创新既可以节省投资者的投资费用，又可以为开发商以及美尔地产公司带来大把大把的钞票，这种创新是美尔地产模式的核心和灵魂。

分时度假在中国做不通，主要是因为缺乏契约承诺。本来在西方国家法律就是契约的承诺，一旦签约，就具有法律意义上的承诺性，违约成本即法律成本是比较高的。但是，在法制精神还淡薄的中国，法律经常是得不到执行的，法律成本即违约成本较低。因此，必须寻找其他的承诺行动。显然，产权是一种承诺。一旦投资者拿到产权证，譬如房产证，这种承诺就比较可置信，因为中国人信这个。这就启发了美尔地产公司的高层和智囊们，他们的创新就是把一栋度假房的产权等分为十份，分别卖给十个投资者持有。从分时到分权，看起来是小小的一步，但对于美尔地产公司的成功来说却是向前迈进了大大的一步。事实上，正是这一非同小可的创新，令美尔地产公司在房地产销售业界鹤立鸡群，销售业绩也开始出现奇迹般的增长，傲视群雄，达到了一览众山小的境界！

我们来看看这种分权所形成的美尔模式到底有什么样的魔法让投资者和开发商都对美尔趋之若鹜：

首先，美尔将一栋房屋等分为十份分别进行出售，十位投资者分别持有同一栋度假房的十分之一产权，并且他们中的任何人每年都有相同的权利申请28天免费居住度假，或者说有对应于28天居住的积分，用这种积分还可以申请到世界各地其他地方免费居住若干天的五星级酒店，具体的天数由积分除以当地五星级酒店的日平均价格决定。十位投资者联合购买的度假房由美尔地产旗下的物业管理公司进行管理。如果某些时间没有投资者申请居住使用，度假房就由物业公司出租给其他度假游客，投资者还可以分得一些收益。物业公司把投资者购买的度假房按照酒店标准进行管理，这种管理的费用完全由美尔地产公司承担。

一般来说，大多数人购买度假房，即使房屋的所有产权都归他所有，每年他也许也只有一两个月的时间去居住，其他的时间度假房通常是处于闲置状态。即使委托管理公司在其他的时间出租出去，获得一些收益，这种收益也较低，因为存在市场风险，平时的物业管理还需要投资者自己承担费用。现在，美尔地产发明的分权模式，将一栋度假房的投资成本降低了十分之九，但仍然可以享有每年28天左右的免费度假居住。也就是说，美尔地产的分权模式让投资者以通常投资成本十分之一的成本，就几乎享有同样的度假效用。这对于销售市场来说无疑是一种革命！为什么呢？因为它大大降低了投资者的门槛，而门槛的降低显然拓宽了巨大的市场。目前，能够购买一整栋度假房的人一般是中上收入的投资者，因为动辄几十万的投资，对于低收入者来说，还是难以承受的。特别是刚刚工作的年轻人，他们很难靠自己微博的收入享有一套度假房。显然，美尔模式特别对于退休后的老年人有效，因为他们有时间到世界各地去看看。中国的年轻人通常是独生子，他们想为年迈的父母亲买一套度假房的愿望在美尔模式下就可以实现，因为目前美尔地产销售的分权式度假房价格一般也就是8万元左右。国外的专家预测，从2015年开始全球就开始进入全民度假的时代。2015年前后，发达国家将进入“休闲时代”，休闲将成为人类生活的重要组成部分。据美国权威人士预测，休闲、娱乐活动、旅游业将成为下一个经济大潮并席卷世界各地。专门提供休闲的产业在2015年将会主导劳务市场，在美国的国民生产总值中将占有一半的份额，新技术和其他一些趋势可以让人把生命中的50%的时间用于休闲。

中国的国务院也出台了《国民旅游休闲纲要（2013-2020年）》，要求各级政府积极发展休闲度假产业，为全民度假提供基础条件。应该说美尔模式为全民度假开辟了一条道路，为《国民旅游休闲纲要（2013-2020年）》的落地提供了一个具体的路线图。

然而，美尔模式创造的奇迹还不仅仅限于此。笑的不仅仅是低收入投资者，开发商也大有斩获。为什么呢？因为美尔模式可以将开发商修建的度假房以比整栋出售更加高的价格卖出去。譬如，在重庆，一栋七八十平方米的精装修度假房一般售价为50来万元，但分成十份销售的时候，每一份售价为8万元，投资者还抢购。这样，这栋度假房就以80万元卖出去了，开发商当然也笑了。现在的问题是，这种奇迹是怎么发生的？整栋出售卖50万元的房屋，怎么在分权模式下就可以卖到80万元呢？其中的奥秘让是这样的：美尔地产巧妙地运用了边际效用递减定律。现在，我就用这个定律解释美尔地产的分权模式为什么能够将度假房的售价提高！

首先，一个人从没有度假房到拥有10个平方米度假房这样的变化，边际效用是比较高的，而度假房的面积从10个平方米到20个平方米，增加的边际效用就较前面的边际效用低一些，从 20 个平方米到 30 个平方米，从 30 个平方米到 40 个平方米，从 40 个平方米到 50 个平方米，边际效用不断降低。当整体销售度假房的时候，经济学的边际效用定价原理告诉我们，房屋的每平方米单价是按照最后一个平方米的边际效用定价的，显然是按照最低边际效用定价的。但是，如果将度假房分成十份销售，每一份的产权摊下来可能仅仅是几个平方米，每一个投资者尽管只是拥有十分之一的产权，但他们从没有度假房到拥有度假房的边际效用很高，也就愿意支付较高的价格，所以每一份 8 万元的价格对于他们来说是可以承受的，但对于开发商来说就大赚特赚了。仅仅加入美尔的销售链条，开发商的利润就提高了 60%！这显然就足以解释为什么来自全国各地的开发商会源源不断地拎着几百万加盟费到重庆南岸的美尔地产公司总部来寻求加盟了！

现在我们看到，美尔模式让投资者和开发商都笑了，但美尔地产公司自身怎么样？它也应该笑出来，这种模式才是多赢的啊！

当然，度假房卖得好，加盟的开发商如过江之鲫，美尔地产的收入也就直线上升。但是，美尔地产的收益来源还不仅仅限于加盟费！你想想，美尔模式其实是创造了一种新的生活方式，就是休闲度假旅游，让人们去世界各地旅游度假。一方面，它已经创造出一个巨大的旅游市场，还有对应的配套商业服务市场，美尔地产集团的会员就是潜在的旅游市场和商业服务消费者，美尔地产旗下的旅游公司就存在一个稳定并且是迅速增长的旅游市场和商业服务市场，可赚的钱就摆在那里了；另一方面，美尔模式特别适合退休后的老年人，美尔地产因而创造了一个巨大并且是日益增长的养老产业市场，美尔地产旗下的健康产业也就会发现钱就摆在那里。

美尔模式是一种具有递增报酬的成长模式。它销售的度假房越多，旗下的会员就越多，投资者为它埋单建设的度假房也就越多；而旗下的度假房越多，投资者的度假选择空间就越大，投资者的度假效用就越高；而这种效用越高，就带来越来越多的投资者，而投资者的增加就带来越来越多的度假房……同时，旗下的会员和老年人会员也就跟着增加，养老市场和旅游市场的规模也同步增长。显然，递增的收益会使得美尔模式越长越大，越长越强壮！

商业模式为王，美尔地产证明了这个道理。

（作者系重庆大学经济与工商管理学院教授）

由生小孩到房地产市场 / 淦宇杰

十八届三中全会的改革决议中，最引人注目的政策莫过于“单独二胎”制度的放开。然而，即使全部放开，鉴于当下的生养成本如此高昂，中国人是否还能生得起小孩，也成了一个问题。日本和我国台湾省便是很明显的例子，少子化成为一种趋势。

生养小孩的决策，无非也是成本收益的权衡。在教育支出公有的当今社会，生养小孩的成本主要有两点：时间成本与空间成本。时间成本主要为父母亲抚养孩子的时间，空间成本主要为孩子的住房。农村的生养成本明显低于城市，因此农村生育率高于城市并理应高于城市。一则，时间成本更低，不仅因为工资相对更低，也因为农村居民在家中工作，机会成本更低，务农与生小孩可以并行。至于空间成本，农村土地与房屋的价格更是远低于城市。对于城市居民而言，若生育两个小孩以上，母亲可能就不得不全职抚育小孩，机会成本十分高昂；至于房屋，城市尤其是大城市，更是寸土寸金，令人望而却步。日本和我国台湾地区等地的少子化，与房地产市场价格高昂密切相关。然而，房市的高企不仅是日益增长的住房需求与相对固定的土地供给导致的必然结果，其中相当部分其实是由政策导致，或者至少有解决办法可以改善。

对于房市的高企，从标准的价格理论逻辑出发，可以参考的政策主要有三点：

第一，让土地资源的使用满足边际条件，即不同种功用的土地均价，高效配置土地资源。现有的土地政策优待工业用地，同时因为土地红线限制农用地与商用、工业用地之间的转换，相当程度上扭曲了土地资源的使用。以工业地为例，因为相较商业用地而言获取价格低廉，富士康等企业很倾向建员工宿舍，以提供宿舍补贴工资，最后仍然是变相补贴企业。城市周边的农业用地，更是机会成本高昂，按照资源优化配置的原则，理应转为价值更高的用途。但是，出于国家土地红线的政策限制，使得农用土地使用受限，不能轻易转化。至于土地红线制度是否正确，不在本文讨论范围。在承认红线存在的情况下，重庆市政府主导的地票政策，在一定程度上缓解了效率扭曲，为都市的发展提供了更多土地。

第二，征收物业税。物业税的优点在于，可以在不影响房租价格的情况下，使房价下降。房租价格由租房市场的供给与需求决定，物业税不影响供给或需求，因此房租价格不变。土地固定、容积率固定时，物业税由土地租金部分承担，即房主承担，反映为房价的下挫。真正影响居民生活的只是房租，房价更多体现的是财富效应。

另外需要提及的一点是关于房租收入抽税的现象。全世界的政府都犯有同样的错误，即对租金抽税，而对自住房的服务流不抽税，即变相补贴买房，同样会扭曲资源配置。例如，租金收益率为8%，开工厂投资收益率为10%，有效率的选择应该为投资工厂。但自住房的服务流不收费，而工厂收入需缴纳所得税，以30%为例，则税后收益率仅为7%，于是理性选择变成买房而不投资工厂。即对自住房服务流的免税，会鼓励买房，并且因为大量借贷而增大每个人的风险。里根减税之前，美国政府高税收，自住房免税的优惠明显，因此可以发现很多人住着相对好而大的房子而过着比较节省的生活。

在存在自住房服务流免税的情况下，物业税的征收不仅不会扭曲市场，反而会有反扭曲的效果，更趋近有效率的点。虽然，在自由批土地的情况下，征收物业税会使得都市的大小更小，但在土地功能分割以及存在红线的情况下，并无此影响。

然而，征收物业税并因此拉低房价，在政治上会带来忧虑。房屋的拥有者，另一方面也是债主，欠了大量的银行贷款，这方面与美国次贷危机前类似。一旦房价下跌，银行风险陡增，有巨大的坏账风险。而银行对于政府，一定是大而不倒的。也因此，政府十分犹豫房价下跌可能对金融系统带来的巨大风险，踌躇不前也可以理解了。尤其是美国次贷危机正是由房价下跌引起，而且在日本和我国台湾地区，房价都成了一个政客不敢触碰的禁忌。在内地，政府更是以此为鉴，视之为禁脔。然而，有理由相信，物业税的征收额会超过一旦银行系统出现危机所需要的救市金额，至少可以仔细测算。尤其在政府强调要全面深化改革的当代，更是应当有勇气啃骨头，释放深度改革红利。

第三，城市道路按拥挤收费。数十年前，在经济学理论上已经推导出可以十分完美地通过道路收费改善城市的拥挤情况，当时限于技术的约束，对于信息收集及费用征收的成本十分高昂。但是，随着GPS技术的进步，目前在技术上已经没有任何问题，并且成本足够低，完全是时候考虑道路收费了。道路修好之前，因为信息的缘故，收费可以通过价格机制引导道路修在人流量最大、最有需求的地方。然而道路修好之后，收费与否的原则应该只看拥堵与否，不拥堵时边际成本为零，不应当收费。但拥堵时理应收费，增加社会的效率。从逻辑上，城市道路若按照拥堵收费，理论上可以放开容积率管制，交由市场决定。

20 世纪末，某市政府财政吃紧，解决办法的杀手锏就是管控及降低容积率，以达到房市高企，并附带土地价格高企的目的。从经济学本质出发，即通过政府管制，设置垄断障碍，攫取高额利润。主要措施为：首先，少批新地，并补贴买房，适当托市；其次，推掉一批旧房子，但并不在原址建新房子，改之为绿化。在此基础上，更收回一批地，用以建公园。此外，以保护历史为由，保护了大量民国时期的洋房。最后，以人道主义与缓解道路拥挤为理由，控制容积率。通过一系列措施，使得上海市区容积率在 21 世纪初有一次大的下降。从另一角度解读，便是通过政策维持垄断，有意降低房屋市场的供给，攫取垄断利润，以此为托市手段。

或许，我们的社会，问题并不在于尚有多少新的知识未创造，而是现有知识没有很好地被利用。子曰：“诗三百篇，一言以蔽之，曰：思无邪。”现实世界虽然复杂，但最简单的道理与原则往往是不会错的。以科学思维为指导，坚持大道，坚持思无邪，矢志不渝，等待着我们的一定会是康庄大道。

（作者系北京大学人口研究所硕士研究生）

经济评论

经济增长“换挡期”漫谈 / 松 木

近几年来，“我国经济增长进入‘换挡期’”成为人们热议的话题。一般来说，它指我国要转变经济增长方式，不再追求很高的经济增长率，同时培育经济发展的新动力，提高生产效率。每每遇到使用类似表述的文章，一个问题就会引起笔者的兴趣：调整经济增长方式与速度，人们为什么愿意使用“换挡”这种说法呢？笔者感到这也是一个可以谈出许多内容的问题。

对于这个问题，我们还是应该先从“换挡”的原始意义谈起。众所周知，通常所说的“换挡”，其原始意义指对汽车、轮船等动力系统中变速器的操作。那么，这些动力系统中为什么需要有变速器呢？这又要从发动机（比如内燃机或电动机）的工作特性谈起。为简便而言，这里只以汽车为例。发动机是汽车的动力源，它的做功能力以它输出的功率来衡量，这具体表现为发动机输出的转速与扭矩（两者之积即输出的功率）。而汽车从发动机实际获得的功率，则表现为汽车的速度与汽车获得的驱动力（二者之积即汽车获得的功率）。[1]发动机会输出怎样的转速与扭矩，受到两方面因素的影响：一是发动机本身的性能（主要以功率来表现），二是发动机承受的来自外部的阻力。发动机的一个重要特点是，每部发动机都有自己最佳的工作转速（一般而言，是一个转速范围），处于这种转速，发动机的工作效率很高，经济性能很好，并且工作稳定，也不容易出现故障，这对延长发动机的工作寿命也有重要意义。那么，如何在各种条件下尽可能保持发动机在最佳转速上工作呢？变速器就可以帮助实现这一目的。变速器可以改变发动机转速与车轮转速之间的比例关系（即转速比、传动比或速比），从而将发动机输出的“高转速、低扭矩”的功率转换为车轮获得的“低转速、高扭矩”的功率。不难看出，若保持发动机输出功率与转速不变，转速比越高，发动机克服汽车所受外部阻力的效果或加速性能越好（汽车获得的驱动力越大），但同时也需要保持更低的车速。汽车的变速器一般设计成能实现几种不同的转速比，每种转

[1] 若不考虑车轮滑动，由于车轮的半径是一定的，汽车速度与车轮转速成正比，汽车获得的驱动力与车轮获得的扭矩成正比。

速比即对应一种挡位，挡位越低，转速比越高。汽车的外部阻力变大时（比如，路面不平整、上坡时），如果既想保持发动机的输出功率不变（这一点是重要的，因为发动机的最大功率总是有限的），又想尽可能维持发动机的最佳转速，就可以采用“减速换低挡”的方法，增加发动机克服外部阻力的本领。反之，当汽车的外部阻力变小时，采用“增速换高挡”的方法，甚至可能在降低发动机输出功率的情况下维持发动机的最佳转速。

从上面我们不难得出，所谓换挡，就是要充分利用变速器的功能，使发动机尽可能保持良好的工作状态，而这主要表现在使发动机处于最佳转速。我们也就不难理解通常所采用的换挡原则：（保持发动机输出功率不变）原挡位下发动机转速变化（偏离了最佳转速）时，就是换挡的时机。[1]这里尤其需要指出的是，变速器挡位变化的本质意义或功能，并不是直接改变车速，而是改变转速比，从而改变发动机克服外部阻力的本领。车速变化并不是（至少不主要是）通过换挡实现的，而是通过加速踏板与减速踏板操作（通常人们所说的“踩油门”与“踩刹车”）以及外部阻力变化实现的。通常人们所说的“加挡先加速，减挡先减速”这一原则也表明了换挡并不是用来改变车速，而是为了使车速（对应车轮转速）与发动机最佳转速相适应。原挡位下，加（减）速踏板操作或外部阻力变化后，车速与发动机转速一般都会随之变化，此时若发动机转速偏离了最佳转速，就需要考虑及时恰当换挡，尽可能使发动机恢复到最佳转速。目前的技术条件下，汽车变速器主要分为手动挡与自动挡两类。[2]手动挡变速器，需要司机根据实际情况人为换挡；而自动挡变速器，可以由电脑根据实际情况自动换挡。虽然对于手动挡变速器，在高车速状态下强行换成低挡位也可以起到一定减速作用，但这种减速作用对于变速器乃至发动机都可能造成损害，不遇到紧急情况一般是不采用的。

现在，我们再回到“经济增长‘换挡期’”的说法。如果要尽可能从“换挡”的本义去理解，我们也许可以这样理解（或者说假设）：影响经济增长速度的因素，不妨分为“内源动力”与“外源阻力”[3]。二者会相互作用，它们的具体状况共同决定着实际的增长速度。一定时期内，给定外源阻力情况，内源动力有某种内在的“最优

[1] 这里讨论的是一般情况。对于那些对汽车有特殊操作要求的司机，还可以利用换挡实现其他目的。
[2] 自动挡变速器中有一类是无极式变速器，理论上可以连续改变转速比。
[3] 严格讲，两者都应作“力差”或“合力”理解。“内源动力”指各种内源动力与内源阻力之合力，正值表现为动力，负值表现为阻力；“外源阻力”指各种外源动力与外源阻力之合力，正值表现为阻力，负值表现为动力。

效率状态”。这种“最优效率状态”对应的增长率，可以是“潜在增长率”的一种意义。对于不同的外源阻力情况，内源动力达到最优效率状态时，实际增长率可能不同。当外源阻力很大时，如果仍要维持高速增长，势必就要“透支”经济系统的内源动力，使经济偏离最优效率状态，长期如此，经济系统会受到损害，可持续的稳定的增长也难以维系。相反，当外源阻力较小时，最优效率状态对应的实际增长率可能较高，此时如果担心“经济过热”而人为干预，刻意压低增长率，经济也会反向偏离最优效率状态，这同样不利于经济健康增长。

于是，经济增长“换挡”，恰当的意义也许是，观察外源阻力、内源动力的情况，让实际增长率与内源动力最优效率状态匹配，而不是反过来以实际增长率为目标，让内源动力的状态适应实际增长率，以致不管内源动力是否达到最优效率状态。“换挡”这种提法本质上是一种增长观念的转变，也可以说是从汽车动力系统中获得的某种启示。同时，如果不脱离“换挡”的原意，这里也许还需要进一步澄清一些意义：经济增长“换挡”本身并不应单纯指改变增长率，而应指尽可能实现经济增长率与经济最优效率状态的匹配；经济增长“换挡”也不该仅指特定时期内单方向上的“换挡”，而应指根据现实经济运行条件（综合有利方面与不利方面）的变化，以实现经济最优效率状态为目标，及时恰当地调整实际增长率。简言之，经济增长“换挡”是经济系统为了保持内源动力处于最优效率状态而对外源阻力变化的一种反应；经济系统其实应该一直“随机应变”地“换挡”。

虽然汽车能给我们如上启示，但是现实经济比汽车要复杂不知道多少倍。即使二者的基本思路可能一致，现实经济中最关键的信息问题也是难以解决的。前面只是“纸上谈兵”式地说明了经济增长“换挡”的意义以及应该如何“换挡”，但现实操作高度依赖于有关经济系统及时、准确、完整的信息。究竟哪些属于内源动（阻）力？哪些属于外源动（阻）力？什么是“最优效率状态”？“最优效率状态”是否存在？是否唯一？等等问题，都是悬而未决、留于理论假设的。从这个意义上说，当面对经济增长“换挡期”这类提法时，我们也许首先应该考虑的是，这其实是一个信息问题，及时恰当地“换挡”所需要的信息充分吗？

再次类比于汽车。汽车的变速器可以分手动挡与自动挡两种。无论哪种，都依赖于及时有效地收集与处理有关汽车运行的信息并做出恰当操作。手动挡变速器需要人来完成这种工作，而自动挡变速器由电脑来完成。经济增长“换挡”，如果类似于手动挡机制，就需要操作者有充分的信息与娴熟的技能。那么，现实经济中究竟天然存不存在，或者可不可能人为设计出来一个类似于汽车自动挡变速器的机制？[1]相关的深刻探讨已经超越本文的范围了。

从前述类比中，我们还可以得到其他一些启示。汽车最终能跑多快，取决于发动机的功率与外界阻力。而“转变经济结构、打造新的增长点”，相当于改进发动机的性能甚至更换发动机。在外源阻力较大并且长期不变的情况下，如果我们既要实现最优效率状态，又要长期实现较高的经济增长率，那么我们只有“改进发动机的性能”，深修内功，实现经济结构转型，形成新的增长点。

（作者系中国社会科学院经济研究所副研究员）

[1] 类比于汽车，该机制的特点也许是，存在某种独立于个体决策的“信息系统”，它能够时时刻刻自动收集并处理经济系统的各种信息，并对经济系统做出反馈，从而可以自动地、及时地、低代价地实现经济增长“换挡”。

政府预算：公共权力约束的切入点 /温来成

在当代中国经济社会发展中，存在诸多的经济社会难题，不少问题都和滥用公共权力有关。人们常常感到公共权力缺乏约束，滋生了大量消极腐败现象，侵害企业和居民的利益，需要有效治理。但如何有效约束公共权力，似乎难以落到实处。在诸多可以选择的路径当中，政府预算也许是一个现阶段各方面可以接受的切入点。

从政府预算的性质看，对其有效管控可以约束政府等公共部门的行为。政府预算是一种政府预算年度的收支计划，在现代社会，政府预算经过立法机关批准后，在预算年度内具有法律效力。由于各种公共政策的制定、实施，都需要有财政资金的支持，也就是需要花钱，才能保障政党、政府、司法机构，以及非营利组织等履行其公共管理职责。如果各部门的收入、支出，除涉密事项外，都公开透明，接受社会及审计等专业部门的监督，不乱收钱、不乱花钱，贪污挪用行为无机可乘，那么就可以基本保证各部门、各单位的行为符合法律制度的要求，其权力受到应有的限制，公共权力对个人、家庭和企业等私人利益的侵蚀、破坏的机会就会大大缩小，做到公共权力、私人权力各行其道，国家经济社会和谐稳定发展。从现在人们所痛恨的公共部门的消极腐败行为来看，许多和政府预算收支有直接、间接的关系，如乱收费、乱罚款、公款吃喝、公款旅游等。如政府预算管理得到加强，这些问题可以得到有效遏制。

从现实可行来看，从政府预算入手，管理、控制和约束公共权力，基本上走的是一条技术性路线，不涉及一些敏感性话题，推行过程中阻力较小，是一条较为可行的途径。因为约束公共权力涉及政治制度和行政管理体制的诸多内容，有些问题在我国已有多年的探索与改革，但成效并不理想，如党政分开、改善和加强党的领导、人民当家做主和依法行政与加强党的领导三者有机结合的途径问题等等，这些问题的改革，在近期内难以取得较大进展。但公共权力被滥用、消极腐败现象蔓延的情况急待治理。强化预算管理，也许是可行的途径之一。从收入管理来看，我国已取消了预算外资金，实行国库集中收付制度，执法单位实行“收支两条线”，不允许公款私存、小金库等现象存在。这在一定程度上可以有效抑制有些单位乱收费、乱罚款，在制度外“创收”

的行为，以减轻企业和个人的负担，鼓励创业，为社会创造更多的价值，推动经济社会的进步，而不是吃闲饭的人众多，创造财富的人少。

从约束公共权力权利的具体途径来看，政府预算改革与管理，既可以进行顶层设计，在国家宏观层面推进，也可以在基层政府实施，从最基本的公共服务入手，有较大的回旋余地。可按照先易后难的思路逐步推进。从基层预算管理的情况看，在城市，按照我国现行行政管理体制，最基层的预算层级是区级政府预算，区级政府以下负责为居民提供公共服务的机构是街道办事处，为区政府派出机构，除其为居民提供部分公共服务外，还承担指导自治组织——居民委员会和所在社区的公共服务工作。实际上，居委会的办公经费、人员工资福利等，也是由财政预算开支的，居委会提供的公共服务，主要是财政预算提供经费，只有少量资金来源于社会捐赠等收入。通过区级政府预算管理，在支出方面，有效控制一般行政管理经费，增加教育、医疗、卫生、社会保障和环境保护等民生支出，提高居民福利水平，限制滥用公共权力等行为。在现行人大、政协制度下，基层政府预算管理还有很大的改进余地。如对社区义务教育、医疗和文化等公共服务支出，不能由政府部门和少数人说了算，通过完善公共选择程序和相关制度，让社区居民更多地参与决策，使公共服务更好地满足居民的实际需要，使政府和党政官员的权力受到有效制约。对设立、撤并、修缮社区公共卫生机构、幼儿园、小学和社区图书馆等惠及所有居民的服务设施，可实行居民投票表决制，大多数居民同意才能实施，政府才能列入预算支出范围。在国家层面，可通过加大公开预算公开力度，强化人大预算监督，让权力在阳光下运行，有效约束公共机构和党政官员的行为。

推进政府预算改革，加强政府预算管理，强化预算监督，约束公共权力运行，提高公共服务质量，目前还有许多工作可做。首先，做好政府预算知识的普及、宣传工作，大大提高政府预算在全社会的认知度。关于政府预算在国家治理过程中的地位、作用，在财政经济、法律、行政管理、公共管理和政治等学科的学术界，一般没有什么太大异议，在政界高层对此也有较多共识，认为政府预算体现了政府活动的范围、反映政府政策的重点。但从全社会对政府预算的认知而言，与有效开展国家治理、约束公共权力有较大差距。一般居民通常认为政府预算是政府的事，是政治家们的业务，与普通居民的关系不大，关注较少。这种看法有较大片面性，政府预算收入来自纳税人缴纳的税费，是纳税人的血汗钱，而支出涉及居民的教育、医疗、文化、社保等切身利益，因而政府预算与每一个人的利益相关，每一个人都应关注政府预算、监督预算，积极参与政府预算管理。每年人大开会时，政府预算应由政府首脑向大会报告，而不是像现在一样作为会议材料散发，且应实行逐项审查、表决，而不是整体表决。其次，加快《预算法》修改以及配套法律制度的建设，为利用政府预算制衡、约束公共权力创造条件。我国现行《预算法》自1995年实施以来，其修改大起大落好几次，终因为意见分歧过大而搁浅，目前到了急待修改的时候。

（作者系中央财经大学教授）

取消福利分房对于城镇家庭储蓄行为的深远影响 / 钟宁桦　陈斌开

为何我国居民的消费那么低?

改革开放以来，我国年均经济增长率接近10%，创造了经济增长的奇迹。然而，近年来，我国经济结构内外失衡的问题越来越严重——消费占GDP的比重持续下降，经济增长严重依赖于投资和出口。这在外部导致了我国与主要出口国之间大量的贸易与汇率纠纷，而在内部导致了内需不足、各行业过度投资以及产能过剩的局面，直接威胁到我国经济增长的可持续性和稳定性。

根据世界银行世界发展指数（WDI）提供的数据：2011年，中国最终消费占GDP的比重只有47%，而居民消费占GDP的比率只有34%。两个值的差（13%）是政府最终消费支出占GDP的比值。通过比较，我们可以发现，与世界其他主要国家相比，我国政府消费的占比并不显著地低。而导致我国经济结构失衡的主要原因是居民消费低。

我国居民消费率不仅远远低于世界其他主要国家，更为重要的是近年来呈现出快速下降的趋势。根据《中国统计年鉴》的数据：2000年以来，我国最终消费率由2000年的62.3%快速下降至2011年的49.1%，居民消费率则由46.4%下降至35.5%；相应的，居民储蓄率则大幅上升，2000年为31.1%，2009年则已高达40.4%。1992年以后，平均每年居民储蓄率上升0.56%；而2000年以来，平均每年储蓄率的上升约为1%。另一方面，1992年以来，政府消费占GDP的比重基本保持在13%左右，说明在这一期间内我国最终消费率下降的主要原因是居民消费率的快速下降。

解释我国家庭消费行为的变化对于理解当下中国经济的严重失衡而言是至关重要的。尤其是在过去的十几年中，为何我国家庭消费率持续而快速地下降？是什么因素制约了我国高速经济发展期间居民消费的同步增长？

为了回答这个问题，首先要澄清一个事实：我国居民储蓄率的上升主要来自于城镇居民。这是由于，近几年来城镇居民人均可支配收入约为农村居民人均纯收入的3

倍左右，而城镇人口与农村人口在总数上相当，且城镇居民的消费倾向还低于农村居民。因此，城镇居民储蓄是总储蓄率的主要贡献者，理解我国城镇居民储蓄率及其变化的原因是解释我国居民高储蓄率的关键所在。

我国居民消费不足的原因：我们的视角

针对中国居民消费不足和居民消费率下降的事实，学术界提出了众多解释。与已有的研究不同，我们最近几年的研究强调中国作为一个发展中和转型国家的制度性背景和事件对于我国城镇居民储蓄和消费行为的影响。具体来说，我们区分无户籍城市移民与有户籍城市居民，分别考察影响这两类家庭消费行为的主要因素。

对于无户籍的城市移民，我们之前与陆铭教授的研究发现：他们面对更高的未来收入的不确定性以及更高的医疗和教育支出上的预期；因此，在同等收入水平下，无户籍人口的边际消费倾向比城镇居民低了 14.6 个百分点。随着城市无户籍务工人员数量的增加（2012 年全国农民工总量达到 26261 万人）以及他们的收入水平的不断提高，在加总层面上，由户籍约束所导致的这群人的“消费损失”日益增加。

而对于有户籍的城市居民，我们在最近的一项研究中发现，20 世纪 90 年代的住房体制改革，尤其是 1998-2000 年取消福利分房政策的施行，对于近十几年来这些居民的消费行为有着深远的影响。对于一般的城市家庭而言，住房支出（包括为了未来购房所做的储蓄准备以及为之前购房所偿还的贷款）远远高于在医疗保险和教育上的投入。而我国城镇家庭住房支出上的显著改变就始于 20 世纪 90 年代中住房政策的改革。以下，我们对改革开放以来，我国的住房体系的变革做一个简单的回顾。

我国的住房体制改革：1978-2000

在 1978 年以前的计划经济时代，中国实行福利分房制度。城镇居民住房基本都是由政府和单位统一提供，租给员工居住。员工支付的租金非常低廉，因此，申请公房的队伍很长，申请的人数也大大超过公房的供给。在这种情况下，大部分成年的孩子都要和父母住在一起，或者是住在单位宿舍里，等待能够分配到一套公房。公房的分配很大程度上是由工龄以及在单位中的职位决定的。高级干部或者具有高级技能的员工是最有可能分到公房的。这样的一个福利分房体系给政府造成了很大的负担。同时，也带来了公房分配过程中严重的腐败问题、房屋的稀缺以及房屋建设投资的严重不足。1978 年，全国城镇居民人均居住面积仅 3.6 平方米，缺房户达 869 万，占城市总户数的47.5%。此外，1978年，我国城镇住房中的74.8%为公有住房。

住房改革始于20世纪80年代中期，开始时以一种谨慎而渐进的方式推进。主要的手段是将住房投资的决策权下放到地方政府、国有企业和城镇集体企业，允许这些部门建造和出售住房。然而，由于公房的租金非常低，公房体制内人们对自购住房兴趣不高。1988年，国务院召开第一次全国住房制度改革工作会议。其中包括两项政策变革，第一项是显著地提高房租，第二项是允许出售公房。然而，1988年开始的改革很快受阻于其后发生的严重的通货膨胀以及政治风波；并且，这些改革遭到了来自于国有企业的激烈反对：许多老工人不愿意失去他们已有的住房福利。

这样，一直到了六七年之后，中央政府才重启关于住房所有权的改革。1993年，在第三次全国房改工作会议上，国务院讨论了《国务院关于加快城镇住房制度改革的决定（草案）》，提出了"以出售公房为重点，售、租、建并举"的新方案，并给出了有关新旧公房出售的价格设定的意见。基本的原则是一套新房的价格不应该高于城镇家庭双职工平均年收入的3倍；此外，工人在单位工作的工龄越长，出售的价格折扣可以越高。

1994年，国务院下发《关于深化城镇住房制度改革的决定》（国发〔1994〕43号），正式启动城镇住房体制的市场化改革。该文件提出将现有公房按标准［所在市（县）双职工年平均工资的3倍］出售给职工。同时，国务院也决定允许从单位购买来的公房在五年之后在市场上卖出。不过，值得一提的是，在当时几乎还不存在一个完善的住房市场，而中国的大部分城镇居民也不认为住房是保存个人财富和储蓄的手段。尽管如此，1994年的住房市场化改革是一次重要的制度约束的放松，它使得居民可以从市场上购买住房以满足自己的偏好，而非只能等待单位分配住房。

我国住房市场化改革中最为重要一步可能就是1998年福利分房制度的取消。1998年，国务院进一步发布了《关于进一步深化住房制度改革及加快住房建设的通知》（23号文件），明确宣布了停止单位分配福利住房的时间表，之后所有的房屋资产必须从市场上购买或者从单位以市场价格购买；并且所有住房补贴都以现金方式直接发放。对于那些在旧的体制下没有得到公房的家庭来说，这个政策变化可谓是一次突然的冲击。许多人担心现金形式的住房补贴会远远低于从市场上购买住房所需要的金额。在意识到这一点之后，一些家庭采取了非常的举动。有些年轻的员工急忙结婚，他们期待结婚证书可以确保他们在最后时刻得到一套公房。而另外一些夫妇选择离婚，这样使得另一方能够符合得到另一套公房的要求。2000年初，时任建设部部长俞正声在新闻发布会上宣布，中国的福利分房制度已基本画上句号，货币化分房方案全面启动，住房制度改革继续深化并稳步发展。

20 世纪 90 年代的住房改革成功地利用市场将各种资源都配置到了住房投资上，城镇居民的居住条件显著改善。并且，其后商品房的开发成为驱动全国经济发展的重要因素。关于 20 世纪 90 年代住房政策的变化，描述性的文章很多，然而很少有研究评估这些改革对于微观经济个体决策的影响。在这项研究中，我们就试图考察这一重要的事件对于家庭消费行为的影响。

福利分房取消如何改变了城镇居民的消费习惯?

就福利分房对于城镇居民消费行为的影响，我们有三组猜测：

第一，这一政策改变了从计划经济时代一直延续至 20 世纪 90 年代末期城市居民获得住房的主要方式。从那以后，城市居民不得不开始依赖于自身的储蓄从市场上来购买住房。因此，城镇家庭会显著地提高自己的储蓄率，以期在未来能够购买住房。

第二，这一政策的影响对不同的家庭是不同的。对于那些在旧的体制下预期得到却没有得到公房的家庭而言，这是一次巨大的负面财富冲击。计划经济体制下的福利住房分配是由权力、身份和资历主导的。在国有企业中工作、技术级别和工龄都比较高的家庭获得福利分房的可能性比较大。因此，若这些家庭在 1998 年之前没有分到一套公房，我们估计，他们在 1998 年政策出台之后调整储蓄率的幅度可能会高于平均水平。

第三，为了使改革易于推行，20 世纪 90 年代的住房市场化改革默认了既有的、计划经济体制下住房资源的分配状况。而 1998 年取消福利分房的政策更是以一种突然的方式承认了现有的住房资源分配。以公房占所有住房的比例来度量，不同的城市在 20 世纪 90 年代中后期的住房资源分配状况有着很大的差异。以 1998 年为例，锦西市、金华市、佛山市和乐山市的公房比例低于 10%；而西安市、沈阳市、大连市、鞍山市、抚顺市等地的公房比例高于 95%。我们估计，一个城市的公房比例越低，则在 2000 年全面停止分配公房之后，该地居民购买住房的总需求就越高，其房价的增长速度越快，而居民的储蓄率也越高。换而言之，20 世纪 90 年代中后期各地公有住房资源分配上的差异，在 1998-2000 年的突然性改革中被锁定，并对该地之后的房价以及储蓄率带来了深远的影响。

基于 6 个省份、32 个城市的中国城镇住户调查数据，我们检验了这些假说，并得到了实证结果的支持。与上述三个假说相应，我们得到了以下三组主要的结果。

（1）在控制了决定家庭储蓄率的各种重要因素之后，我们发现，我国城镇居民在 1998 年之后，年均储蓄率提高了约 0.9%。

（2）1998 年之后居民储蓄率的上升主要是由没有获得公房的家庭拉动的，这些家庭年均储蓄率提高约 2%。并且，在国企中工作、具有高级职称或者是干部的无公房家庭储蓄率提高幅度更大。这些家庭年均储蓄率提高了约 4%。

（3）在地级市层面，我们发现，一个地区在 20 世纪 90 年代中后期公房的比例越高，进入 21 世纪之后，该地房价的上涨速度就越慢，而储蓄率越低。进一步，无论在房价的增长率还是在储蓄率上，1999 年各地的公房比例对于之后房价增长率以及储蓄率的影响是最大的。我们估算了这个效应的大小：各个城市 1999 年公房比例的 25% 分位数是 13%，75% 分位数是 64%。我们的计算显示，25% 分位上的那个城市在 2002 年之后每年的房价增长率要比 75% 分位上的那个城市平均高 3.7%，而每年的总储蓄率平均要高 3.2%。

简短的总结

20 世纪 90 年代我国实施的一系列住房体制改革成功地开启了住房的市场化，并由此解决了计划经济体制下我国人均住房面积狭小、住房质量低下的问题。不过，住房政策的骤变也对我国之后的经济结构产生了深远的影响。我们的研究发现，随着 1998−2000 年福利分房的取消，我国城镇居民的储蓄率快速上升。我们还发现，储蓄率的提高主要是由那些没有获得公房的家庭导致的。这些家庭显著地提高了储蓄率，并构成了 20 世纪 90 年代末期开始的我国家庭储蓄率上升的重要贡献力量。进一步我们发现，这次改革中的“不均等性”不仅体现在微观家户层面，还体现在城市层面，对当地之后的房价和储蓄率的变化有着长远的影响。

基于这些发现，我们认为，20 世纪 90 年代住房改革的“不均等性”是造成我国当下经济结构失衡的重要原因之一。要纠正当前经济结构失衡问题，我们的政策建议是一定程度地降低居民“为买房而储蓄”的动机，尤其是对那些收入和家庭财富都比较低的家庭。为此，可以采取一个类似于 1998−2000 取消福利分房的“逆过程”。在这方面，本届政府所大力推行的廉租房建设正是我们此项研究所支持的。然而，进行廉租房建设需要充分吸纳 20 世纪 90 年代住房改革的经验教训。

第一，政府和市场在住房供给上应为互补而非替代关系。20 世纪 90 年代住房市场改革极大地提高了我国居民居住面积，改善了居住环境，提升了居民的生活质量。然而，这一系列的改革也将城镇居民的住房问题都推向了市场，对居民住房负担的承受能力考虑不够充分。由此，当前我国政府加大廉租房建设，作为对于市场的补充，为低收入者提供基本的住房保障，是很有必要的。

第二，20世纪90年代住房体制改革只是住房需求的市场化，住房供给依然是高度垄断的，市场化程度严重滞后。住房供给的主体表面上是房地产开发商，然而住房最核心的生产要素是土地，而政府对于土地的垄断是房价快速上升的重要原因。在城市化进程中，人口不断从农村向城市转移，但土地却无法实现有效流动，必然造成住房市场的供需矛盾。要抑制房价快速上涨的趋势，提升居民消费，需要以扩大城市土地供给为抓手，从供给面进一步完善住房市场化改革。我们预期，这些措施可以有效地降低家庭储蓄，刺激内需，并促进我国经济的平衡与长远的、可持续性的发展。

（钟宁桦，同济大学经济与管理学院副教授；陈斌开，中央财经大学经济学院教授）

我们应该如何向污染宣战？ /谢明干

李克强总理在政府工作报告中指出：“我们要像对贫困宣战一样，坚决向污染宣战。”对贫困宣战，我们已取得了巨大胜利，但按照联合国规定的标准来衡量，我们还有2亿多贫困人口，数量居世界各国之首，“对贫困宣战”可谓仍然任重道远。“向污染宣战”，形势就更严峻、任务就更艰巨了。改革开放30多年来，我们为治理环境污染，投入了庞大的财力物力人力，但迄今尚未遏制住污染不断扩大的趋势，雾霾覆盖近三分之二国土，江河湖海约70%受到不同程度的污染，地下水质近6成为“差”，超过3成农村居民喝不上干净水，农村土地污染率为16.1%，其中80%以上是重金属污染。我们的人均资源占有量本来就低，如人均耕地只有世界平水平的一半不到，人均水资源只有2100立方米，是世界13个最缺水国家之一，人均矿产资源也很少。资源既少，又污染、破坏严重，向污染宣战确实已到了刻不容缓、迫在眉睫的地步，否则我们何以面对人民的期盼，如何向子孙交代！

我们应该如何向污染宣战呢？一言以蔽之：政府、企业、公众一齐上，打一场全民的持久战。

政府是主导

向污染开战，不是一场短期的、少数地区少数人的局部战争，而是一场长期的、全国全民的战争，政府理所当然、义不容辞地要把这件事扛起来，承担起策划、组织、指挥的职责。

一是政府的执政安排，一定要把防污治污放在同发展经济并重的位置。树立起这样一个很简单的理念：以人为本，人要生存与发展，不仅天天需要安全的食品、衣着，更须臾不可或缺地需要清洁的水、空气。各级政府必须在指导思想上摒弃“以GDP论英雄”“有水快流（为追求经济高速增长拼资源拼环境）”“无工不富”“发展经济污染环境不可避免”“先建设后治污”“边生产边治污”等等错误观念与做法，坚持经济发展和防污治污两条腿同时走路，不得有所偏废，否则就是个失职的政府、不好的政府。

二是防污治污，政府应负主要责任，起主导作用。这是因为大部分污染具有“外部性”，而且是跨区域的，一切污染对任何人、任何区域都会发生现实的或潜在的伤害，是不可能依靠单个人、单个组织甚至单个地区所能治好的。那种各人自扫门前雪式的“铁路警察，各管一段”和救火式的“头痛医头，脚痛医脚”的治污体制与方式，从根本上说都是无济于事的。这就要求政府要把这件事统一抓起来，从全国一盘棋的角度，创新环保体制，加强领导与指导，统一规划，统筹协调，制定全国通行的法律法规，安排重大的环保项目，包括发展环保产业、开发新能源、推进循环经济与资源再生利用、组织研究与推广先进的环保技术与设备等。为此，建议把环保部、国土资源部和各部门的治污工作“统”起来，组建新的国家资源与环境保护委员会，与国家发展与改革委员会并列，亦具有行政权力。

三是强化法治，依法治污。经验证明，防污治污要用重典，法典必须全面、细化。2014年4月全国人大通过经修改的《环境保护法》，从原有的47条增加到70条，比较全面了，但仍应在细化上下工夫，不细化就无法具体执行。关于大气污染、土地污染、江河湖海污染以及水土保持、草地湿地保护等等“下属法”，都应抓紧修订完善。依法防污治污，重在一个“严”字。严查，自上而下建立独立的监察队伍，经常到各个污染源各种企业去严格检查，并将检查情况公布于众。严惩，对违法者严惩不贷，罚款上不封顶，提高污染者的违法成本；对触犯刑律者，必须追究刑事责任，不能以罚代法。依法防污治污，还必须常态化，不能指望搞一两次运动就能解决问题，而应让法律利剑一直高悬在污染制造者的头上。

四是加大关于环保的宣传教育。动员各种舆论工具广泛深入、持之以恒地宣传环保治污的重要性、紧迫性与群众性持久性。从娃娃抓起，幼儿园要进行环保教育，小学中学要开设环保课（或纳入公民教育课），大学、社区、村镇要经常举办环保讲座，使环保理念与常识深入人心。

企业是主体

企业之所以是治污的主体，是因为企业是制造污染的主要元凶，向污染宣战，主战场就在企业。

一是通过相关法律法规，明确任何企业都必须肩负起三个社会责任：依法纳税，防污治污，参与公益事业。有的企业还应该承担回收商品包装器具的职责。

二是企业应积极主动防污治污。这不仅是个社会责任问题，更是个法治问题。不认真防污治污，污染超出规定标准，就是犯法，就应予以法律处治。

三是企业要苦练内功，大力创新技术与管理，积极节能减排；改变粗放的生产方式，实行清洁生产，发展绿色产品，消灭污染或把污染严格控制在规定标准之内。政府部门在企业设计时和投产之前，要严格审查其是否会造成环境污染和有无切实有效的防治措施，并要求企业对此立下“军令状”。企业要定期向政府部门上报和向公众公布全企业的节能减排情况以及进一步节能减排、防污治污的措施，接受政府和公众的监督。

公众是基础

正因为这是一场涉及每个地区、每个家庭、每个人的切身利益的全民战争，没有公众的广泛动员与参与，没有广大民众高度的环保道德与习惯，没有形成浓厚的人人关心与践行环保的社会风气，这场战争是难以取胜的，即使有些战果，也难以持久、扩大。向污染宣战的胜利基础在广大人民群众。

街道、村镇、社区要把宣传环境保护、生态保护、资源保护放在工作的重要位置，做到家喻户晓，细则化、常态化、长期化。大力普及有关知识，提出对每个家庭、每个人的要求，通过宣传教育与民主讨论，制定社区（村镇）公约，号召人人自觉遵守、互相监督。组织环保志愿者队伍，经常进行宣传、巡查、指导、监督。

社区、村镇要组织、指导居民做好垃圾收集、分类与废品回收、处理工作，政府在这方面要给予财政支持与技术指导。村镇要严格防止城市未经有效治污的企业转移到农村来，坚决拒绝没有有效防污治污设施的项目落户农村。对现有的污染企业，要严格清理，凡防污治污不达标的必须停产整改或关闭。

在广大人民群众中大张旗鼓地宣传新家风，把保护生态环境、节约能源资源、减少垃圾与垃圾分类等纳入新家风之中。干部、党员和家长、老人应身体力行，为广大群众和青少年做榜样。

（作者系国务院发展研究中心世界发展研究所研究员，原国家物资部政策研究司司长）

交通限行能降低空气污染吗？ /傅十和

交通限行古已有之。古罗马时期，运货的马车在罗马城卵石铺的街巷上通行，造成拥堵和威胁行人安全。凯撒大帝下令运货的马车只能晚上进城。但晚上街巷里的马蹄声和马嘶声炒得市民无法入睡，恺撒只得很快取消了禁令。17 世纪的伦敦市区很拥堵且交通公害严重，国王查尔斯二世于 1660 年颁布法令规定马车禁止进入威斯敏斯特和伦敦的街道。现代很多大城市不但交通拥堵，而且空气污染也很严重。交通限行因其操作简单且执行成本低，为许多城市所采用。

单号？双号？

墨西哥的首都墨西哥城空气污染极度严重，政府从 1989 年起开始根据车牌号码尾数每周限行一天。哥斯达黎加首都圣何塞 2005 年开始实行每周一天的限行，起先是为了减少汽油的消耗，后来是为了改善交通和空气质量。其他拉美城市，如哥伦比亚首都波哥大、智利首都圣地亚哥、巴西的圣保罗、玻利维亚的拉巴斯以及洪都拉斯等也实行交通限行。在欧洲，意大利的首都罗马因空气污染严重，于 2005 年开始在市区实行交通限行；此前已有十几个意大利城市采取了限行措施。雅典、阿姆斯特丹、巴塞罗纳等城市也实行不同程度的限行措施。在亚洲，菲律宾的马尼拉、日本东京都有限行；印尼的首都雅加达 2013 年也开始了单双号限行。

北京的交通拥挤和空气污染一直都很严重。根据北京市环保局编制并公布的每天空气污染指数，北京的大多数天主要空气污染物是可吸入颗粒物（PM10）。北京市环保局的研究表明，大约 53% 的 PM10 来自机动车的尾气排放和扬起的路尘。为了减少空气污染，北京在奥运会前后实行了交通限行。在 2008 年 7 月 20 日到 9 月 20 日之间，北京的大多数汽车按牌照尾数实行单双号限行。从 2008 年 10 月 11 日实行每车每周限行一个工作日；每个工作日限行两个尾数； 限行期间为早上 6 点到晚上 9 点。此轮限行于2009年4月10日结束后又继续限行，但限行时间改成了早晨7点到晚上8点。广州最近规定空气污染严重时将对机动车采取单双号限行；天津也规定从2014年3月1日起开始实施和北京一样的限行措施。这些城市的示范效应可能会导致更多的中国城市采取交通限行措施来改善空气质量。

交通限行真的能降低空气污染吗？从理论上分析，答案是不确定的。表面看来，限行减少了上路的车辆，减少了尾气排放，空气质量应该会改善。考虑到汽车造成了约一半的城市空气污染，每天两个尾号限行大约可减少五分之一的车上路，因此平均来讲，空气污染应该会减少约十分之一。但有很多因素会导致这个效果大打折扣。首先，有些开车的人可能不会遵守限行政策，违规上路。第二，人们可能会尽量将出行安排在非限行的时间段、非限行的路段和非限行的车辆，这些替代效应会抵消改善空气质量的影响。第三，人们可能会购买第二辆或更多的车以便拥有不同的尾号每天都能出行。此外，根据交通经济学里有名的“交通拥堵基本定理”（the fundamental law of highway congestion），当限行缓解了拥堵之后，一些潜在的出行需求会释放出来，即那些在原来拥堵严重时不开车的人们现在也会开车上路。因此，交通限行能否降低空气污染就是一个实证检验的问题。

遗憾的是，尽管世界上很多城市实行了不同版本的交通限行，关于限行能否减少空气污染的经验证据很少。经济学家Lucas Davis于2008年发表在《政治经济学》期刊上的研究表明，墨西哥城1989年开始实行的每辆车每周限行一天的政策并没有减轻空气污染；可能的主要原因是很多市民购买了第二辆车，但这些车大多为尾气排放污染程度更高的旧车。另据报道，波哥大1998年限行以来效果也不佳，主要也是市民们购买更多的车以便拥有不同的尾号来规避限行。

我和长江商学院的V. Brian Viard教授从2009年开始一起合作研究北京交通限行对空气质量和经济活动的影响。我们首先采用了回归断点设计的微观计量方法，在控制了季节、天气、奥运事件以及观测不到的时间趋势等影响空气质量的可能因素后，和实行限行之前相比，北京的单双号限行减少了PM10约为20%；每周限行一天期间，PM10减少了约9%。我们进一步采用了倍差法的微观计量方法，发现距离环路越近的空气监测站在限行期间所报告的空气污染指数降低越多；反之则越少。这种污染减少的效果在离环路1~3千米之后就消失了，这种模式和PM10在空气中运动扩散的物理特征相符合。由此可以证明，空气污染的降低是由主要道路上交通流量的减少导致的，也就是说，是由交通限行导致的。由于我们的研究样本期间为2007—2009年，我们只能得出北京交通限行在短期内降低了空气污染的结论。

北京的交通限行在短期能有效降低空气污染，我们认为其主要原因除了在北京保有第二辆车对大多数有车族来说代价比较高之外，有车族遵守限行规定的比率非常高。我们采样了一个大型收费停车场的车牌数据，发现绝大多数人还是遵守了限行规定。比如，如果周一尾号1和6限行，尾号为1和6的车牌在当天所有停车的车牌分布中，比率在统计上几乎可以认为是0；但其他未限行的车牌的分布和周末的车牌分布相近。此外，我们发现在非限行期间（比如周末、节假日和晚上）出行的替代效应并不显著。

北京交通限行减少了空气污染的效果是否可以持续尚难预测。从长期来看，如前所述，人们规避交通限行的对策会多种多样。随着收入增加，人们会购买新车和第二辆车；缓解的交通拥堵会鼓励潜在的出行需求释放出来。这些因素都会使空气污染增加，冲减限行的效果。即使限行的减污效果能持续，限行所带来的意想不到的其他社会成本也很巨大。比如，限行提高了有车族的通勤成本，影响被限行的人工作和休闲时间的分配。我们的研究发现，部分工作时间灵活的人在限行期间选择了不工作，由此导致的产出的净损失在每周限行一天（早晨7点到晚上8点）期间每年约为7亿人民币，相当于北京市2009年GDP总值（12153亿元）的0.06%。

交通限行政策的另一个缺陷是政府主观地根据车牌尾号每天限制一部分人开车上路，而并不考虑人们为“开车上路”而愿意支付的经济成本，因此这个政策既不公平也不符合效率原则。不同城市尝试治理交通拥堵和空气污染的政策有很多，但有效率的政策应该鼓励开车者承担其出行所产生的社会成本。经济学家比较统一的主张是对拥堵和污染进行定价，由产生拥堵和污染的人承担其相应的成本。英国伦敦、瑞典斯德哥尔摩和意大利米兰等实行的拥堵定价已经取得了降低拥堵和延误、减少空气污染和交通事故、提高车速等绪的社会效益。这些实践值得中国城市的交通和环境公共政策制定者思考和借鉴。

（作者系西南财经大学经济与管理研究院副教授）

国际贸易可以医治发展中国家的“大城市病”吗？

/杨 丹 章 元

人类的居住方式经历了三次重大变革：第一次是前农业化时代，人类由居无定所到小规模聚集，形成乡村部落；第二次是农业化时代，城镇开始出现并逐步发展；第三次是工业化时代，城市化浪潮汹涌来袭，居住于城市逐渐成为人类生活的主流方式。城市的出现是人类社会发展进步的结果和表现，而城市化则是发达国家曾经走过的、发展中国家正在经历的重要发展阶段。

联合国2009年的世界城市展望预测全球城市人口从2010年到2030年还将增加14亿，这意味着届时将有60%的人口生活在城市。据世界银行数据显示，发达国家的城市化水平在最近几十年呈现缓慢上升的态势，而发展中国家的城市化水平在过去半个多世纪的提升速度明显更快，由此我们可以预料，未来的城市化将主要发生在发展中国家。那么，发展中国家城市化的未来趋势如何？最优城市规模如何决定？如何进行有效的城市管理？大城市病如何消除？这是摆在所有实施城市化、实现国家现代化的发展中国家决策者案头上的首要问题。

城市化的“功”与“过”

城市化一般是指工业化过程中社会生产力的发展引起的地域空间上城镇数量的增加和城镇规模的扩大。从1960年到2011年，全世界总人口从30.4亿上升到69.7亿，增长了129.28%；全世界城市人口从10.1亿快速上升到36.1亿，增长了256.89%；而全世界规模超过百万的城市人口也从3.95亿迅速增加到14.11亿，增长了257.43%。这些数字表明，在过去半个多世纪全世界城市化水平的上升速度远远高于总人口的增长速度。伴随着居住人口、工业规模、商业交流等的扩张，城市化给人们的生活带来了诸多便利。居住的集中带来了公共品供给的规模经济，聚集效应非常明显，包括就业、教育、医疗等各类高水平的社会服务均集中在城市。

城市提供社会服务属于“俱乐部产品”。城市服务首先具有受益的局部排他性，即城市服务对城市居民是非排他的，但对非城市人口却是排他的；其次具有消费的有限竞争性，即一定规模的中等城市可以带来公共品供给的正外部性，实现单位供给平均成本的下降，但一旦城市超过某一最优规模，产品供给就会出现拥挤。过度的人口集中带来的灾难性问题正逐步显现，城市患上了“巨人症”，过度城市化的弊端越来越多。人口过度集中于城市带来的以环境污染、交通拥堵、住房困难、犯罪猖狂、失业增加等为具体表现的“大城市病”愈演愈烈。我们很容易从发展中国家找到这样的例子，墨西哥城就是在城市化过程中逐渐由享受城市化带来的福利转变为深受“大城市病”困扰的典型。1950–1980的30年间，墨西哥城人口由不足300万增加到1500万。城市规模的迅速扩张导致城市基础设施的严重不足，加之城市规划和管理工作的滞后，造成了污水横流、黑帮聚集、社会混乱等一系列社会问题。而在发达国家还出现了一种“逆城市化”的潮流。在美国，伴随着汽车的大量普及、高速公路网的形成、经济结构转型、政府政策引导以及生活水平的提高，社会中上层向生态环境相对较好的郊区、乡村迁移，城市出现了“空心化”现象，一些城市甚至出现了破产。而中国也不例外。据法国欧洲时报报道，自2008年起，在中国最具幸福感城市评比中，“北上广”无一次名列前茅。

从散居到村落、从乡镇到城市，人类集聚的规模逐渐扩大，早期的城市化带给人类社会的是现代化、便捷化、舒适化。然而，从小城市到大城市，再到超大城市，在我们所在的这个“后工业化”时代，城市似乎不再步履轻盈，雾霾、拥堵、污染离我们的生活越来越近。我们不禁要问，城市究竟怎么了？

发展中国家的“大城市病”

据世界银行数据显示，发展中国家从1960年到2011年，总人口从23.0亿上升到58.3亿，增长了1.53倍；城市总人口从5.43亿快速上升到27.15亿，增长了3.93倍；规模超过百万的城市总人口也从2.13亿迅速增加到10.56亿，增长了4倍。这些数据表明，发展中国家的大城市增长速度远远超过了全世界平均水平。据世界银行2011年数据表明，阿根廷的人口32.3%集中在首都布宜诺斯艾利斯，拥有1320万居民，而美国最大的城市却只拥有6%的人口。半个世纪以前，大城市通常出现在工业化国家。1950年世界人口最多的十大城市除了中国的上海和印度的加尔各答以外，均属于发达国家。而现在，许多大城市往往出现在发展中国家。据《波士顿环球邮报》评选出的2010年世界人口最多的十大城市中，发达国家仅有东京和纽约上榜，而发展中国家大城市就占据了八席，印度的新德里以2220万人排名第二，中国的上海以1660万人排名第七。而一项“世界发展最快的城市”的调查表明，孟加拉国首都达卡被一致认为是“世界发展最快的大城市”。

随着发展中国家大城市规模的迅速扩张，“大城市病”也日益显现。曼谷的交通堵塞甚至导致3个月内有900名孕妇因堵车被迫在轿车中分娩。巴西近20年来城市人口增长了24%，贫民窟人口增长了118%，城市贫民窟人口达到3500万人，占全国城市人口的25.4%。在发展中国家城市地区落户的新家庭中，有72%位于棚户区和贫民窟；而在非洲，这一数字高达92%。在发展中国家，城市失业率至少是农村失业率的2倍，而在近47%的国家中，这一数字更高达3倍。同时，由于大城市的拥挤造成的环境污染对城市经济的影响巨大，据世界银行估算结果表明，由于污染造成的健康成本和生产力的损失占到一国国内生产总值的1%到5%。

有研究表明，大城市首先出现在发达国家，但过度城市化和“大城市病”却主要发生在发展中国家。而伴随着发展中国家快速城市化的另一个重要现象是全球经济的一体化进程加速，越来越多的发展中国家走向开放并不断地融入到全球经济中。通过国际贸易参与全球分工，发展中国家的贸易也不断攀升。我们不禁会问：这两个重大经济现象之间是否存在着某种内在的联系？

国际贸易和发展中国家的“大城市病”

在城市经济学中，城市发展的维度不仅包括城市化水平，还包括城市首要度和城市集中度。我们把一国的城市集中度定义为规模超过百万的城市人口占全国城市总人口的比重，这一指标更能揭示城市化过程中大城市的发展状况。大多数研究关心的是城市化水平，而研究城市集中度的影响因素对于发展中国家制定城市规划或者解决城市发展中出现的各种治理问题也具有重要意义。以中国为例，目前学术界存在的一个争论是中国未来应该注重发展大城市还是中小城镇，而地方政府应该提供多少城市公共品也缺乏明确的依据。

著名的“威廉姆森效应”认为城市集中度会随着经济的发展先上升后下降。埃兹和格莱泽（Ades and Glaeser）认为讨好最大城市市民的政策有利于政府的生存，所以独裁的政治体制或政治的不稳定性都会增加该国的城市集中度。还有一些学者认为投资于地区间的基础设施、提高民主化程度、强化财政分权等都会降低城市集中度。在众多影响城市化，尤其是城市集中度的因素中，国际贸易这一因素开始受到关注。克鲁格曼和埃利松多（Krugman and Livas Elizondo）这两位著名学者观察到墨西哥20世纪 80 年代开始实施对外开放政策后，墨西哥城的城市集中度出现了明显下降的趋势。为了解释这个现象，他们建立了一个理论模型，认为：当经济封闭时，产业的前向联系和后向联系会推动企业向城市集中，但对外开放后，这种产业的前向联系和后向联系会被削弱，企业就没有必要再集中到墨西哥城并承受城市内的拥挤成本，因此国际贸易与发展中国家的城市集中度有负向联系。

然而，克鲁格曼和埃利松多（Krugman and Livas Elizondo）的理论模型缺乏相应的实证结论支持。现实中，一个国家的国际贸易和城市集中度之间的关系究竟如何呢？世界银行的世界发展指数(World Development Index)数据库为我们提供了很好的条件，这个数据库包含了全世界的 143 个发展中国家 1960—2011 年的历史数据。我们分析发现，不同经济发展水平国家的城市集中度呈现出了不同的变化趋势。在过去半个世纪，全世界城市集中度水平略有增长；高收入国家的城市集中度明显高于全世界水平，且呈现出缓慢上升趋势；低收入国家的城市集中度呈现快速上升趋势；中低收入国家和中高收入国家的城市集中度呈现“U 形”。因此，我们需要看看不同经济体的城市集中度的影响因素是否有所不同。我们用发展中国家的数据研究发现，加入 WTO 能够降低大城市集中度，贸易额占 GDP 的比重也能够降低大城市集中度。这说明贸易开放能够降低发展中国家的大城市集中度，从而帮助发展中国家解决“大城市病”的问题。

然而，在发展中国家的城市化结束之前，影响城市集中的集聚力大于离散力，二者之间还没有达到均衡，因而发展中国家的城市集中度并没有达到均衡水平，如果国际贸易改变了集聚力和离散力之间的对比关系，即降低了集聚力，那么城市集中度的水平并不会降低，但是它的上升速度可能会因为国际贸易对集聚力的改变而降低。我们用发展中国家的数据研究发现，加入 WTO 能够降低大城市集中度的增长速度，贸易额占 GDP 比重的增长速度也能够降低大城市集中度的增长速度。这说明贸易开放能够降低发展中国家的大城市集中速度，从而帮助发展中国家缓解“大城市病”的问题。

中国的“大城市病”与治疗良方

中国的城市化进程还在继续，而“大城市病”已经日益凸显，学界和政界都在竭尽所能地寻找治疗良方。2010 年联合国发布的《世界城市化展望》指出：目前全球超过 50 万人口的城市有 1/4 在中国。同时我们也可以看到，中国的大城市发展趋势也日益明显，以长三角城市经济协调会的 16 城市为例，1991-2009 年间，特大城市由 4 个增加到 8 个，翻了一番；超大城市由 2 个增加到 6 个，增加了 2 倍。到 2012 年底，中国常住人口超过1000万的城市有6个，而超过700万的已经有近20个。当前中国正处于加速城市化的阶段，有学者预测中国的城市化水平还会在近期内大幅提升。随着大量人口向城市迁移的浪潮持续高涨，大城市规模还会持续上升。随着中国大城市的日益增多和城市规模的逐渐扩大，“大城市病”所带来的负面效应也日益凸显。北京、上海、广州这些一线城市逐渐出现的环境污染、交通拥堵、城市失业、犯罪率上升、社会效率低下等问题导致城市居民生活质量显著下降，PM2.5、雾霾、热岛效应等词汇一次次地登上新闻头条，中国人在刚刚享受到城市化带来的生活便利不久，就必须开始正视过度城市化带来的福利损失。

为了缓解并治愈中国的“大城市病”，根据我们的研究结论，可以提出以下治疗良方：首先，采取一系列措施推动贸易持续增长，如通过降低关税与非关税贸易壁垒、开展自由贸易，以大力促进贸易开放。2013年8月成立的中国（上海）自由贸易试验区，也是我国积极推动国际贸易发展的积极试验，同时也可以见证国际贸易对大城市聚集的影响。最新数据显示，2013年中国进出口总额首次超过美国，成为世界上最大的贸易进出口国，在我国大城市集中度继续上升的背景下，这也让我们对中国大城市聚集速度放缓看到了希望。同时，除了国际贸易这一治疗良方外，还必须多管齐下，采取多种配套措施进行城市化管理，包括加强城市规划、增强社会管理，加强城市基础设施和社会保障体系建设，并在城镇化政策的指引下，积极建设中小城市群，缓解大城市压力，为实现最优的中国城市服务的“俱乐部经济”而努力。

（作者单位：西南大学经济管理学院）

婚姻和家庭的风险资产投资有关系吗？

/王　琎　吴卫星

我们都听过这样一句话：经济基础决定上层建筑。对于一个国家来说，只有经济基础稳固了，建立于其上的社会意识形态及相应的法律制度等才能很好地发展。对于一个家庭来说，经济方面的决策同样非常重要的。虽然金钱并不能保证家庭成员有和谐的关系和高水平的幸福指数，我们也很难想象一个经济状况很糟糕（比如投资股市、房市失败，日常生活入不敷出，家庭成员收入微薄或不稳定）的家庭能够被长久而稳定地维持着。在生活必需品上的花销是必不可少的，家庭成员的收入从某种意义上看也是由外在因素决定的，但家庭的投资决策则是由这个家庭的成员自主决定的。是否投资股票、债券等金融资产，是否购置房产、车产等非金融资产，以及具体要在各种各样的资产上投资多少，都是家庭成员或者某个家庭经济决策者所要谨慎考虑并做出决定的重要问题。投资决策做好了，家庭不仅不会损失本金，还能赚取相当可观的投资收益，从而有助于家庭财富的积累。家庭的财富多了，在消费决策上才能有更充足的预算，不论是吃穿用度等基本物质需要还是娱乐运动等精神追求都能得到满足。

如上所述，家庭可以投资的资产既有各种金融资产，也有房屋、汽车等消费类的非金融资产。房屋和汽车固然是重要的投资品，特别是房屋在最近几年吸引了相当多的资金流入，但是它们的消费属性不可忽视。对于大部分家庭来说，买不买房、车，买几套房、几辆车，首先考虑的是家庭的消费需求而非投资产品。因此，在家庭的投资决策中我们重点研究家庭对金融资产的投资行为。而在金融资产中，包括股票、期货等在内的风险资产由于具有高收益、高风险的特征，其价格波动的幅度和剧烈程度强于其他的资产，对家庭财富的影响也更为显著。了解家庭对风险资产参与行为的情况，发现规律并探索可能的影响因素，有利于我们更深刻地认识居民家庭的投资行为以及对金融市场的参与状况，为规范和引导家庭理性投资提供科学依据，也为金融市场的建设和完善提供理论基础。

影响家庭风险资产投资行为的因素有很多，我们为什么会考虑婚姻呢？在中国，婚姻和家庭的风险资产投资又有什么关系？将婚姻和其他重要的影响因素如性别、收入和财富结合起来，会得到什么样特别的结论吗？这些问题的答案将在后文一一揭晓。

一、为什么会认为婚姻是一个重要影响因素？

既然要探究家庭投资风险资产的决策的影响因素，那么一个很自然的想法是从家庭的各种特征中寻找原因，于是前面提到的各种研究角度出现的原因就不难理解了。除了年龄、教育程度、收入外，还有什么值得考虑的家庭（或者具体成员）特征、人口统计学指标呢？答案就是婚姻。

婚姻并不是经济学或金融学所要讨论的话题。但是我们都知道，两个人一起生活比一个人单独生活更“经济”，因为均摊成本下降而总的可支配收入和财富增加了。Waite 和 Gallagher 在他们的书中也谈到，已婚家庭比未婚、同居或离婚家庭能赚更多的钱、积累更多的财富。这是典型的“1+1>2”。后来又有学者通过严谨的实证研究发现，在美国，单身女性和已婚夫妇存在财富上的巨大差距，而且无法完全由生命周期、教育程度和家庭收入等因素解释。受这些观点的启发，几位意大利学者提出，也许婚姻是一种安全的无风险资产，从而影响了家庭在风险资产方面的投资行为。

人们工作不仅会在当期赚取劳动收入，还可以在未来拥有收入来源。如果把劳动收入的现值也当作财富的一种，那么这个人除了要面临各种金融资产、非金融资产带来的利率风险、流动性风险等，还要面临劳动收入带来的背景风险。而一个人能够承受的总体风险水平是有限度的。如果是一个人，受行业、雇主甚至歧视等因素，其劳动收入的波动可能比较大，与之相应，面临的背景风险较大，在金融资产等方面能够承受的风险就较小。但对于一个家庭来说情况就大大不同了。已婚的人不但拥有自己的劳动收入，还可以享受配偶的收入。一方面，收入来源丰富了，收入总量上升了，已婚的人会认为自己在经济方面更加“安全”；另一方面，联系马科维茨的投资组合理论，由于影响两个人收入的因素不尽然相同，总收入的波动程度会下降。这两方面的因素都会导致已婚者的背景风险下降，从而可以更多地尝试投资有风险的资产。

意大利的几位学者将这一逻辑链条简化，于是提出了“婚姻可以视为无风险资产并影响家庭对风险资产的投资”的假说。此外，他们还认为由于女性在社会上较为弱势，面临的由自身劳动收入带来的背景风险更大，更适合上述推理过程，所以已婚女性和单身女性在风险资产投资上的差距更明显。为了检验这个假说，他们在文章中使用意大利的家庭金融调查数据进行了实证研究。丰富的实证结果和各种稳健性检验均支持了他们的观点。

意大利学者的假说既有合乎逻辑的推理，又有严谨的实证检验，看上去我们可以完全接受了。但是真的如此吗？科学的一大特点是其可重复性。他们用于实证检验的数据是特定国家特定年份的，如果其他国家在其他年份的数据也支持这个假说，那么我们会对它更有信心。因此，意大利学者提出的假说是促使我们将婚姻作为影响家庭投资风险资产重要因素的另一个原因。

二、婚姻对中国居民家庭风险资产投资的影响

为了研究婚姻对我国家庭投资风险资产行为的影响，我们使用了2009年和2012年的两次中国居民家庭投资状况调查问卷数据。根据各种金融资产的风险收益特征，参考已有类似研究中的分类方法，我们考虑的风险资产包括股票、基金、期货和外汇四种。只要家庭的资产中有至少一种，我们就认为该家庭投资了风险资产，否则没有投资风险资产。由此得到的“风险资产参与”就是我们的被解释变量。解释变量方面，家庭成员数、家庭年总收入以及家庭净财富（类比股东权益，家庭净财富是指家庭总资产减去家庭总负债）是一个家庭整体的情况，很容易获得且没有异议；但是婚姻状况、年龄、性别、教育程度等变量是从属于个人而非家庭的，使用哪个家庭成员的基本信息就成为一个问题。通常的观点是家庭中有一个经济方面问题的决策者，所有涉及个人的基本信息均来自这个决策者。我们的问卷虽然调查了家庭的“户主”归属，但这个“户主”很多时候是名义上的，即户口本上的户主其实不一定是这个家庭中真正做出经济决策的那个人。考虑到投资风险资产需要有宏观经济运行情况、金融市场发展现状以及金融产品风险收益特征等专业背景知识的了解，而这些专业知识的学习与掌握又跟一个人的教育程度有很大关联，所以我们假定家庭中做出经济决策的人是年满18周岁的成年人中教育程度最高的那个。于是，婚姻状况、年龄、性别和教育程度等变量的获取问题就迎刃而解了。

对所有变量进行描述性统计分析，我们发现家庭决策者中71.23%已婚（其余28.77%包括了未结婚、离婚和丧偶等情况），64.65%是男性，平均年龄为43岁，平均的教育程度是大学专科。另外，超过90%的决策者都有比较健康的身体和并不极端的风险态度。最常见的家庭是由夫妻二人和孩子组成的三口之家。这些都是很符合我们直觉的结果。家庭年总收入和净财富这两个变量，都是平均数远高于中位数，呈现右偏特征，反映了中国家庭存在着收入分配和财富分布不均的现象。家庭对风险资产的投资方面，有24.69%的家庭投资了至少一种风险资产。已婚决策者和单身决策者相

比，前者投资风险资产的有 25.27%，比后者高了 7 个百分点左右。很显然，投资风险资产的已婚者比单身者多，一定程度上支持了“婚姻会影响家庭投资风险资产行为”的观点。

接下来我们建立模型进行实证检验。首先，我们只用了一个解释变量——婚姻状况，发现其系数是显著为正的，即已婚者比单身者更倾向于投资风险资产。然后我们在模型中加入了其他控制变量，发现婚姻状况这一变量的系数依然显著为正，说明即使考虑了性别、年龄、教育程度等因素，婚姻依然会对家庭投资风险资产的行为产生重大正向影响。于是可以认为，在中国婚姻也具有某种程度上的安全性，可以看作家庭投资组合中的无风险资产，并对该家庭投资其他风险资产的行为产生有利影响。

三、考虑不同性别、不同家庭收入（财富）的情况

婚姻是由男女双方缔结而成的，所以一个很自然的想法是把婚姻和性别结合起来考虑二者的联合影响。之前也曾有过大量学者讨论过婚姻和性别与家庭各种经济决策（如养老金计划、股票换手率和收益水平等）的关联。我们将样本总体划分为男、女两个子样本，在各个子样本内按照上述过程进行实证研究。在控制了其他变量之后，婚姻状况在女性子样本中的系数显著为正，在男性子样本中的系数虽然为正值但不显著，说明已婚决策者和单身决策者在投资风险资产倾向上的差别只存在女性中。这个情况与意大利的一样，也符合前文提及的“女性可能面临更高的背景风险从而在投资风险资产方面受婚姻的影响更大”。

由于婚姻和家庭收入、财富的关系密切，我们也分别按照家庭年总收入和家庭净财富将总体划分为三个样本，代表低、中、高三类收入 / 财富水平上的家庭。随着家庭收入的提高或者家庭财富的增多，家庭会更多地投资风险资产，其中中等收入水平或者中等财富水平的家庭对风险资产的参与率与样本总体相当接近。婚姻状况对男女决策者有不同的影响，那么对不同收入或财富水平的家庭呢？根据模型回归结果我们发现，只有在中等收入或财富水平的子样本里，婚姻状况的系数才是显著的，并且为正值。显然，只有中等收入或财富家庭中的决策者在决定是否投资风险资产时才易受到他们自身婚姻状况的影响。我们认为这可能是因为低收入 / 财富水平的家庭受财力所限，已婚决策者即使已经将婚姻当作无风险资产了，也没有能力和机会增加对风险资产的投资；而对于高收入 / 财富水平的家庭来说，他们已经有了充足的资本和较强的风险承受能力，婚姻这种潜在的安全资产对他们的边际影响很小以至于可以忽略。

四、总结

家庭在决定是否投资风险资产时会受很多因素的影响，比如婚姻。一方面，婚姻是家庭的重要特征；另一方面，婚姻是可以看作安全的、能降低已婚者风险感受的无风险资产，从而在整个家庭投资组合中对风险资产的存在和比例产生影响。本文用中国的数据检验了婚姻对家庭的风险资产投资决策产生的影响，发现已婚者和单身者在风险资产投资行为上确实存在差距，前者会更倾向于投资风险资产。此外，这种差别对女性和中等收入/财富水平的家庭来说更加显著。

（王琎，对外经济贸易大学金融学院硕士研究生；吴卫星，对外经济贸易大学金融学院教授）

石油价格暴跌对世界经济、政局的影响 / 郑克中

进入 2014 年 7 月以来，国际原油价格一路下滑，到 11 月 13 日，纽约商品交易所 12 月交货的轻质原油期货价格收于每桶 74. 21 美元，跌破 75 美元关口， 12 月交货的伦敦布伦特原油期货价格收于每桶 77. 92 美元，达到四年来最低水平。回顾在 2008 年时油价曾经逼近 150 美元 / 桶，如今只是当年价格的一半。更令人吃惊和不解的是，从 7 月到现在，仅仅不到 5 个月的时间，跌幅超过 30%。世界各国霎时间陷入了惊恐不安和幸灾乐祸之中。几家欢乐几家愁。吃石油财政饭的俄罗斯、伊朗、委内瑞拉，毫无疑问，国家经济将受到重创，而石油进口国，像中国、日本、韩国等，竟然平白无故地获得了一次“天上掉下一个大馅饼”的喜悦——有人这样以为。

暴跌的油价

国际石油市场怎么了？为什么会出现这样的暴跌？经济学家和众多经济分析师们给出了各种各样的答案。其中最吸引眼球的是阴谋论。阴谋论产生于俄罗斯，在中国也有一个很大的市场。3 月份乌克兰危机爆发以来，国际社会开始对俄罗斯进行经济制裁，使俄罗斯经济遭受到沉重打击，这次石油问题，无疑加重了人们的猜疑，开始以为是美国和沙特联手搞的阴谋，目的是从经济上彻底击垮俄罗斯。但是 11 月 27 日欧佩克会议开过之后，沙特等国坚持不减产，联手阴谋论随之破灭，又产生了沙特 PK 美国页岩油的说法，说沙特不减产就是害怕美国页岩油挤占其市场份额，它决心把价格战打到底，把美国的页岩油生产消灭在摇篮里。

阴谋论者一般不大懂经济问题，每逢遇到经济问题，在他们那里，很简单，就是一股脑地归结为美国的阴谋手段就以为是万事大吉了，什么都说清楚了。很可惜，阴谋论很耸人听闻，但是它不能提供任何事实根据。更主要的是他们不了解，美国的企业都是私人的，不像我们的国企，中央一个命令就可以一致行动。美国的奥巴马想组织企业家们开个协调会，大概也没有人会买他的账，更不用说指导价格了。美国政府能对油价产生些许影响的只在于其能源署增加或减少库存，其实有人做过研究，这里

面的价格相关性也微乎其微。

这次国际石油价格的暴跌，其实在几年前就在酝酿中了，只不过没有人敏感地觉察到罢了。我关注石油问题是从2013年才开始的。2013年9月份我写了一篇《行将改变世界面貌和格局的两项科技发明》，在那篇文章中一开头我就写道："历史的进步是由科技发明推动的，科技发明是由解放了的人完成的。所以制度对人的约束越宽松，人越自由，创造力也就越强，发明创造的成果也就越多，社会也就进步越快。"

我当时关注的一个是特斯拉电动汽车，另一个就是美国的页岩油气。关于页岩油气，那时的数据说："据美国《巴伦周刊》（Barron）最近报道，由于这种新科技的应用，美国的石油和天然气产量在过去六年来从每天1500万桶剧增到2010万桶，创下20年来的新高。同期的美国原油进口从每天1400万桶降低至800万桶，2014年美国日均进口原油将低于600万桶。""据台湾地一位学者说，去年秋天国际能源机构（IEA）就指出，到2017年，美国将超过沙特阿拉伯和俄罗斯成为最大的石油生产国。该机构还预测，到2030年左右，北美地区可能成为一个石油净出口地区。但国际能源署的预测刚发出不久，在2012年底，美国的石油和天然气产量就超过了沙特阿拉伯和俄罗斯，而成为世界第一。"

大家可能已经看明白了，石油价格的暴跌，主要原因都是美国页岩油气导致的结果，其他的因素即使有，也都不重要了。

我在文章中已经预见到："美国实现能源自给，进而成为能源输出国，制造业大量回流，世界能源价格必然会大幅下降。世界经济将会如何发展？有头脑的政治家，都应该想到，这对美国的政治和对外关系将会产生什么样的影响和改变？有人拿出现在的美国几个州算了一笔账：加州如单独计算，已排为世界第八大经济体，国民生产总值等于整个法国；新泽西州相当整个俄国（世界第15位），佛罗里达州相当韩国，马里兰州等同整个中国香港等等。要是美国五十个州都因为使用廉价的能源，而财富创造量飞速提升，未来的美国将是什么模样？是一个供给世界消费的大农场？大工厂？大科研基地？美国人除去需要世界人才向它那里集中和向世界推销消费品之外，世界对美国还有什么用处？世界谁还能挑战美国的地位？挑战不挑战是一回事，美国由此会不会走上政治保守主义和绥靖主义？如果美国人关起门来过自己的日子，不管世界闹翻天，到那时是否就会如某些中国人所希望的那样，美国人不当世界警察了，天下是否就太平了呢？"

今天看来，这些话仍然值得人们去思考。

能源是一个国家生存的基本物质基础。中国计划经济时期，有一位“懂经济”的掌政者知道，一定要抓住“两白一黑”（白面、棉花和煤炭）不放，否则就会出乱子。这无疑是那个时代有眼光的人。进入现代社会，石油、天然气扮演了从前煤炭的角色，成为了国家最重要的经济支柱。但是这个对所有国家来说要命的东西，上帝却分配给了世界上少数的几个国家，让他们成为了上帝的宠儿，其他国家成为了乞儿，乞儿为了从宠儿那里分一杯羹，不得不争得个头破血流。今天美国人终于用科技的力量打破了欧佩克的价格垄断，把石油价格从畸形状态中解放了出来。

多少钱一桶才是未来石油的稳定价格？或者说多少美元一桶会是未来石油价格的底线？这很难断定，要由竞争的市场自己找到需求的平衡。而以前，石油市场基本处于垄断状态，定价权掌握在欧佩克手里。现在被打破了，世界石油供求将进入一个新时代。有一点看法可能是靠谱的：石油价格还会下跌。有的机构预计会跌到50美元/桶，我估计也许30美元应该不是底线。为什么这么说？12月4日《参考消息》转载了一位财经撰稿人穆兰尼（Tim Mullaney）在《Market Watch》上的一番话。他说，2012年，人们认为美国页岩油每桶的生产成本至少要70到75美元。直到上周，还有说法认为，60美元的油价就将对美国的生产商形成“逼宫”了。可是，来自美国页岩油第一生产州北达科他的数据却显示，当地的每桶原油平均成本只要42美元，就可以确保拥有者获得10%的回报。该州188处钻井，72处都集中在Mc Kenzie县，而那里的平均生产成本只要30美元，还有27处钻井是29美元左右。

谁知道今后会不会还有更低的价格出现呢？

还有，石油价格的暴跌，也不会像有些人估计的那样，说暴跌之后，很快就会反弹，重新站上80美元/桶。持这种看法的人，是对整个世界能源供给的大局缺乏判断。明眼人应该觉察到，石油其实已经滑入到了末世能源的轨道上来了——当然局势还不太明朗。这与木柴、煤炭随社会进步，先后退出能源主流行业是一个道理。当今世界，由于科技的飞速进步，长期以来能源开发的多样化战略酝酿和实施，天然气、页岩气、可燃冰、太阳能、风能、核分裂能、核聚变能等等，都会以更新的面貌蓬勃兴盛起来，所以这次石油价格的暴跌，我们应该把它看做只不过是其走入末路能源地位的一个转折点而已——这是我的看法。不用往长远看，大家不妨想一想，要是在三五年内，世界像斯特拉那样的电动汽车飞快普及一半，世界的石油耗费还需要多少呢？

石油价格暴跌将会对整个世界经济与政治产生什么影响呢？世界许多大机构对此兴奋异常。比如IMF（国际货币基金组织）的Tom Helbling认为，大赢家是全球经济。

油价下跌10%，将提振全球GDP0.2个百分点。油价大跌相当于一次超大规模量化宽松计划，全球经济会因此受益。花旗集团最新报告也指出，石油价格处在四年低位，相当于给全球经济提供了1.1万亿美元的刺激动力，这降低了燃料及其他大宗商品的成本，给消费者和企业以额外的资金来消费并提振经济增长，等等。

我觉得，世界石油价格暴跌，这一突发事件，可能并不预示着是一个经济增长的好兆头，相反，这本身就是增长乏力的表现。因为世界经济增长缓慢，没有能力来消化这些新增加出来的石油产量，所以才出现价格暴跌；石油价格降低了，是否就能刺激经济回暖了呢？当你看到近年来世界大宗商品价格，像钢铁、煤炭、有色金属，甚至是农产品，价格一直都在大跌，就知道了，石油只不过是最后冲出来的一匹“黑马”而已。这说明了什么？这其实是一个经济周期到来了的标志而已。如果2007-2008年被认为是金融危机，从美国发端，那么这一次就可能是在美国之外的一场真正的经济危机开始了——起码对一些国家而言是准确的。

石油价格的暴跌，由经济将会连带对整个世界政治产生预料不到的、重大影响。前面我已经围绕美国做了一个大的方面提示，其实每一个国家都应该立马警觉起来，对自己国家地位和未来发展，根据这一重大事件做出重新的评估。比如中东产油国会怎么样？如果美国不需要中东了，亚洲新兴经济体能消化中东现有的石油产量？如果整个世界能源消费结构转向天然气和其他能源，石油勘探和开采的前景会如何？原来的世界能源生产、运输、消费版图和格局会发生怎么样的变化？由此导致的地缘政治版图会做出什么样的调整？等等。数不胜数的问题都立刻被提到了面前，各个国家都准备好应对之策了吗？

限于篇幅，下面只想大致指出两个国家所受到的影响。一个是俄罗斯，一个是中国。

普京当政以来取得的政绩和他不断展示的俄罗斯硬汉形象，让许多中国具有俄罗斯情结的人欣羡、赞赏不已。其实我认为，他的成功很大程度上都应该归功于“东风借与周郎便”，才没有“铜雀春深锁二乔”。普京的“东风”就是石油和天然气。在他当政的这段时间里，石油和天然气的价格大部分时间在高位上运行，2008年曾达到历史的最高位，接近150美元/桶。这使得俄罗斯开始大秀肌肉有了本钱，这也成全了普京和梅德韦杰夫有条件演起“二人转”。但是当时我就写了一篇文章，叫《普京终于没有成为华盛顿》。看来，人都是当局者迷，特别是权力的吸引力真不亚于鸦片。

从2014年3月开始俄罗斯就已经走上了下坡路，乌克兰动荡，克里米亚并入俄罗斯。没有想到当国际制裁方兴未艾之时，石油价格又暴跌，使俄罗斯处境雪上加霜。

据俄罗斯《@mail.ru》网12月2的一篇文章说，俄罗斯财政收入的50%来自于石油和天然气。世界油价下跌给俄罗斯造成极大的困难。石油年平均价格跌1美元，俄罗斯财政损失22.2亿美元，GDP下降0.1%，而居民收入下降0.14%。在2008-2009年金融危机期间俄罗斯GDP损失接近7%-8%。俄罗斯财政部部长安东·西卢安诺夫在莫斯科的一个国际金融和经济论坛上表示，由于西方的制裁，2014年俄罗斯的经济损失达到大约400亿美元，又因为全球原油价格的下跌损失大约1000亿美元。源自不同国家的对俄资本流入大大减少，同时居民、经济机构把大量卢布兑换成了外币，导致资本流出。俄罗斯央行和俄罗斯财政部发布最新数据显示，俄罗斯11月7日的国际储备总额为4210亿美元。但俄罗斯外汇储备在2013年10月31日时为5240亿美元。可见，俄罗斯在一年内已经损失了1030亿美元的外汇储备。还有资料说，俄罗斯在过去的9个月内，已经从2.1万亿的庞大经济体，萎缩至一个与西班牙和韩国差不多的中型经济体。

还有，油价、汇率下跌，导致俄罗斯消费品价格飞涨，特别是进口消费品。

照这样看来，俄罗斯将陷入极大困境。如果油价不在近期内大幅反弹（基本可以排除这种可能），或者在这样的情况下徘徊几年，俄罗斯的麻烦将会越来越大，经济捉襟见肘，顾此失彼，必惹民怨腾起，不但引起联邦内的伙伴不满，新入伙的也会萌生悔意，重现上世纪90年代初解体的情景不是没有可能，届时普京将会如何收场，让我们拭目以待。当然也还有另外可能，那就是一条路走到底，重新摆出与西方冷战对峙姿态，以此减轻压力和转移人民视线，但历史会给普京们多少时间，最终能走多远，世界会不会因此而再燃战火，那就取决于各国的政治家们的眼光和谋略了。

总之，石油降价，世界不是安定因素增加了，而是不安定因素增加了。

下面再稍微谈几句中国。中国已成为世界石油第一进口大国。西班牙《国家报》说，2013年，中国平均每天进口560万桶石油，也就是说，2013年中国进口了20.4亿桶原油，折合2.8亿吨。

这次石油突然降价，实出乎中国人的意料之外。许多人盲目乐观说，中国无疑是此轮石油大战的最大赢家；还说，据中国能源经济研究中心称，如果油价持续下跌，到年底，中国可节省300亿美元。

但其实我对我们某些部门应对世界政治、经济变局的能力并不是那么有信心。来自海关总署发布的数据显示，7月份原油进口量为2375万吨，相比6月，增加2%。8月份，中国原油进口量一举冲到了2519万吨，环比增加了6.1%。而9月份，这一数据继续扩大为2757.71万吨，环比增加了9.5%。

看得出，当原油价格刚刚开始下行的时候，相关决策者们以为就是进货的好时机了。所以才连续3个月，特别是在8、9两个月内猛增进口量。让我们从7月算起，7、8、9三个月增加原油进口669.21万吨，三个月总共进口原油7651.71万吨，按当时价格共花了579.25亿美元，若按现在（12月6日）价格每吨479美元算，只需要外汇366.5亿就可以了，明显就这么一个小决策使国家多花212.75亿美元。决策者直到10月才觉到，原来这是一个大熊市，石油价格远还没有见底，所以在10月，只购进2409万吨，比9月降12%。

这仅仅是一个小插曲，是说我们对世界经济大局势的把握还远不到位。我计算了美国从7月初到11月初石油储备变化的情况，7、8、9三个月，库存都在减少，而进入10月到11月5日，当价格低落到75美元左右，库存一下子就增加了2614.7万桶，人家是在高点抛出，低点买入。到现在，平均计算起来，库存还缺612.6万桶。何时补仓，尚不知道。不难看出美国人的精明。

对中国而言最大的问题还在于，世界油价的不停下跌，中国的“三桶油”（中石油、中石化、中海油），能不能经受住这直接的打击才是更现实的问题。拥有150多万员工的“两桶油”，自2004年以来，共获得国家财政补贴1258.83亿元，其中，中石油获得补贴484.38亿元，中石化获得补贴774.45亿元。获得财政补贴的理由自然是进口原油价格居高不下，而生产的成品油与之价格倒挂。现在进口油价一再下跌，国家是不是就可以免除补贴了？但是问题又出来了。世界原油价格下跌，中国的原油价格也应该下跌，所有的采油部分是不是立刻面临着亏损？国家是不是还要对采油进行补贴呢？中国的原油开采成本到底是多少？有人说是伊拉克的7倍，有人说是65美元/桶。如果是这样，世界油价已经达到中国原油开采成本线，中国就面临是不是停止采油的选择。关闭油井，停止勘探和寻找新的油田，肯定不是最好的选择。但是中国油企多年来垄断经营，积攒了过多的矛盾和对市场的不适应，不管做如何选择，石油及其相关联的上下游企业，中国最辉煌的、也是被诟病最多的国企明星们其实已经面临着何去何从的生死考验了。由此还可以推断，如果石油及其关联企业不景气，中国经济可能并不会由于石油价格的大跌而能从中获得那些想象中的红利。

（作者系山东社会科学院研究员）

经济学人

金明善与《经济学家茶座》/詹小洪

2014年5月9日，金明善先生突然因病去世。我失去了一位好同学，好班长，好朋友，好领导。而创刊十五年、业已成为全国出版品牌的《经济学家茶座》也失去了一位好主编。悲痛之余，我想起了与明善创办《经济学家茶座》，与在他领导下的编辑团队共同苦心经营此刊的一些经历。

1999年初，随着山东画报出版社出版的杂志书《老照片》一炮打响，全国不少出版社掀起了创办杂志书（又称MOOK）的热潮。这种杂志书兼具图书和杂志的特征：用书号出版，免去了申办刊号的麻烦；又有定期出版的期刊特征，邮局也可订阅。金明善时任山东人民出版社社长，是年六月，他和该社前社长刘德久、编辑董新兴来北京，找我一起商量办一份经济类的杂志书。

他后来道出找我的原因有这么几个。一是，我们系山东大学经济系79级的同班同学，他是班长，学问好，为人厚道，在同学中威信高，口碑佳。大学四年中，我尊敬他，他爱护我。我们合作，彼此信任。二是，毕业后我们都从事新闻出版工作。1999年，他已经担任山东人民出版社的社长了，我则是国内最权威的《经济研究》杂志编辑部副主任，同时兼职担任吴敬琏教授的助手，协助他编辑另一著名期刊《改革》。三是，金还读到过我撰写的反映国内经济学界动态的随笔“京城十类经济学人”“改革决策背后的经济学家”“人文社会科学：各领风骚三五年”等文章，看到《中华读书报》对我的专访“中国经济学界的地保——詹小洪”，认为我经济学界人头熟，掌握了重要组稿资源。于是，他有请我客串将要出版的杂志书的打算。

在这之前，董新兴到北京与当时在国内极为活跃的青年经济学者赵晓座谈，请教图书选题。赵晓受当时火爆的文学类丛书《布老虎丛书》启发，建议山东人民出版社推出一种以《经济学家茶座》命名的丛书，每年推出几套经济类图书。金明善接受了赵晓和董新兴《经济学家茶座》的建议，但不是作为丛书名，而是作为将要创办的杂志书的刊名。这就是《经济学家茶座》刊名的由来。

《经济学家茶座》作为经济类读物定下来后，接下来要考虑刊物宗旨、风格、读者定位。我们四人讨论，觉得如果不独辟蹊径，办出特色，《经济学家茶座》肯定要淹没在上千家都冠有“经济”二字的刊林之中。

当时，就像院士写科普文章一样，华人经济学圈的学者们纷纷写起了贴近百姓、贴近生活，通俗易懂、深入浅出的经济学随笔、小品文，给经济学界吹进了一股新的学风及文风。由四川教育出版社、广东经济出版社、社会科学文献出版社、三联书店推出的境内擅写随笔的经济学者如张曙光、茅于轼、樊纲、盛洪、梁小民、蔡昉、张宇燕、陈彩虹、党国印、王跃生，港台经济学家张五常、林行止、熊秉元；国外的如澳大利亚黄有光等人的随笔集；当时高晓勇主办的《经济学消息报》中有个版面叫“经济学人”也很吸引人；还有诺贝尔经济学奖获得者、美国著名经济学家贝克尔的《生活中的经济学》，此外张五常的《卖桔者言》，这些都是《经济学家茶座》的思想渊源。

介绍上述名家的写作风格，模仿上述名刊丛书的个别栏目，就构成了《经济学家茶座》主要栏目框架。上述很多作者都是《经济学家茶座》初期的常客。

金明善认为《经济学家茶座》的风格是，轻松、高雅、有识、有趣、有用。他形象地说，就是请经济学教授们抛开讲义，松开领带，到《茶座》里来讲故事，摆龙门阵。用普通读者看得懂的语言，普及经济理论，也就是做一些经济学通俗化的尝试和努力。明善的这些构想反映在他为《经济学家茶座》创刊号写的卷首语“开张”中。

明善的办刊思路很明确：《经济学家茶座》的读者定位是“知识大众”，包括经济圈内人士、经济院系的大学生、研究生、青年老师，对经济学感兴趣的非经济学专业人士如公司白领。《经济学家茶座》可供借鉴的模式是《十万个为什么》，该书特色是科学家写科普文章，《经济学家茶座》则是请训练有素的经济学者写经济学科普文章。作者一定是经济学功底很深的，同时又具备用浅显的文字解释经济学的人。把“经济学变成一种生动活泼、大学可以接受的学问。这不仅要求经济学家文字功夫要好，还必须要有广博的知识面，对文史哲，自然科学都有所了解”。《经济学家茶座》的作者将是“右手能写论文，左手能写散文”的学者。《经济学家茶座》是个季刊，出版周期长，不可能追赶所谓经济热点，也不追求时效性，相反更在乎一些冷点，关心读者长期关注的问题。否则只能是起了个大早，赶个晚集。

我对《经济学家茶座》的设想是，如果把经济类刊物市场比作一台综艺晚会，像《经济研究》《中国社会科学》等核心期刊是美声唱法和芭蕾舞，是晚会的主打节目，是台柱子的话，那么《经济学家茶座》作为经济类边缘读物，犹如晚会的小品、相声，换言之是配角。但是没有这些配角，晚会就吸引不了观众。《经济学家茶座》无意与权威经济学期刊争夺主流地位，但如办得好，影响将不会小于所谓主流刊物。

大家办刊理念一致，对《经济学家茶座》前景充满憧憬。这样由金明善任主编、刘德久任副主编、我担任执行主编（自己戏称为《经济学家茶座》小二）、董新兴任责任编辑的编辑团队就正式建立起来了。

2000年6月，《经济学家茶座》第一辑面世了。第一辑印刷了一万五千册，很快就销完，创办第三年，就达到每辑销售两万份的纪录。

在金明善任《经济学家茶座》主编的十多年里，他还筹划了几次对《经济学家茶座》发展产生过重要影响的会议。2000年6月30日，随着第一辑面世，在北京齐鲁饭店召开了"《经济学家茶座》座谈会"，在京的《经济学家茶座》第一届编委会成员几乎悉数到场。著名的经济学家于光远先生坐着轮椅赶到会场，做了《经济学家茶座》的文章应该"浅入浅出"的发言。2001年6月，在上海扬之江饭店，召开了《经济学家茶座》在上海的编委和作者座谈会，到会30余人。2006年，在首都图书大厦，召开了《经济学家茶座》创刊六周年新闻发布会，会上邀请四位青年经济学者现场答记者问。2010年6月底，由东南大学经济管理学院做东，邀请40多位来自全国的《经济学家茶座》骨干作者到南京，举办"《经济学家茶座》创刊十周年庆典"。与会作者中有10多位名牌大学经济学院的院长，更有年近八十的老一辈经济学家赵人伟教授，赵老师的弟子、北京师范大学经济学院院长赖德胜教授和赖的博士生，师生三代同时出席此次会议的佳话。每次会议，会前会后，事无巨细，明善都付出了很多辛劳。正如大家预期的那样，《经济学家茶座》确实火了：

1.《茶座》是一种特殊的出版物（MOOK）。《茶座》不是什么核心期刊，在这上面发表文章，算不了科研成果。给作者的稿费也不高，但大家仍然支持《茶座》，曾经有个大学的经济学院院长说过，他发表在《经济研究》《中国社会科学》上的论文，可能是与博士生合写而挂名的，但唯有《茶座》文章，每个字都是自己的心血。

2.开经济学散文、随笔风气之先。形成一种《茶座》风格文体。继《经济学家茶座》开张以后，山东人民出版社主办的《社会学家茶座》《法学家茶座》《历史学家茶座》相继问世。很多出版社都仿效出版了其他学科《茶座》；不少报刊设立了《茶座》栏目。

3.《经济学家茶座》创刊15年来，培育了大批"右手写论文，左手写散文"的高手。将海内外华人经济学界的随笔散文高手可谓是一网打尽。海外的有张五常、黄有光、林行止、熊秉元、翟华、陈抗、粟庆雄等。国内的作者就不一一列举了。

4.成了山东出版集团一个出版品牌。入选过全国最畅销图书奖。中宣部及国家新闻出版总署多次在不同场合表扬了《茶座》系列图书。这些部门领导人来济南调研，都要来山东人民出版社《茶座》系列编辑部看看。

5. 长期在北京各大书店（西单图书大厦、韬奋书屋、风入松、国林风等）名列畅销书榜。单期发行量一度达到过二万五六千册。在有的大学报亭，每辑《经济学家茶座》可以销售 100 本以上。

6. 被中国书刊发行协会评为“2007 年度全行业优秀畅销品种”。

上述往事历历在目。回忆与明善胼手胝足共同创业的过程，既有欣慰，更倍感痛惜斯人的离去。需要向明善保证的是，随着互联网传播方式对传统刊物的冲击，现在《经济学家茶座》确实不如以往那样辉煌，但我一定会继续守护着这个刊物，绝不能让你一手创办的《经济学家茶座》在我手中关张！

（作者系中国社会科学院经济研究所研究员）

我所认识的麦金农教授 / 汤凌霄

2014年10月1日清晨，朋友告诉我一个不幸的消息，国际著名经济学家麦金农（Ronald I. McKinnon）教授由于在旧金山国际机场自动扶梯上摔倒引起并发症而在加州的伯林格姆 Mills Peninsula 医院溘然长逝。听后我的心情异常沉痛，回想起在斯坦福大学访学的那段难忘的时光，在参加斯坦福经济政策研究所、国际发展中心举办的各种国际会议和小型学术研讨会以及周三交流午餐时，经常看到他的身影，曾经多次同他面对面交流，探讨金融问题，聆听他的学术报告。他那朴实无华的待人风格、诲人不倦的大师风范，在我的脑海里留下了深刻的印象。

罗纳德·麦金农

（Ronald I. Mckinnon）

一、初次拜访麦金农教授

2013年8月，我获得国家留学基金委资助，来到斯坦福大学国际发展中心（Stanford Center for International Development, SCID）做访问学者。在斯坦福第一个想拜见的就是麦金农教授，他开创性地研究发展中国家的金融问题，指出各种类型的“金融压抑”是导致发展中国家经济不发达的根源，提出金融自由化以及自由化政策顺序的主张，掀起全球性自由化浪潮，对发展中国家特别是包括中国在内的中央计划经济国家的转型产生深远影响，成为当代金融发展理论奠基人。怀着十分崇敬的心情，我试着发邮件表达想当面请教的愿望，他很爽快地表示同意，说他每周三都去办公室。

8月14日上午，我如约来到紧邻胡佛塔的兰道经济系楼（Ralph Landau Economics Building），电梯旁边宣传栏内贴有经济系所有教师的照片和名字。麦金农教授的办公室在三楼，是一间十几平方米的长方形房间，书桌和书柜几乎占据整个办公室，书和资料随处可见，众多的资料盒上粘贴着或黄或白的字条，密密麻麻写着资料的内容，靠窗户的墙上挂着一幅小小的中国山水画。麦金农教授身着黄蓝相间的苏格兰风格的格子衬衣，中等身材，腰板挺直，白色络腮胡衬得面色更加红润而饱满。可能见我是中国人，我们很快就聊到中国问题，这也是他特别关注的领域。

首先，他谈到美国货币政策对中国的影响，认为美国现行的利率几乎近于零的货币政策并不能使中小企业获得低利率贷款，却使美国的银行资产资本贬值，不利于美国长期经济增长。伯南克去年（指 2012 年）曾尝试增加债券利息，但股票市场应声下跌，因此他又马上停止了加息的做法，继续维持低利率。低利率政策导致大量热钱流入中国，美国的利率越低，中国的影子银行越多、风险越大，二者具有显著负相关性。其次，中美国际收支不平衡问题及其缓解对策。他提到以 Fred Bergsten 所长为代表的彼得森国际经济研究所的观点是迫使人民币升值，他们并非出于恶意，而是基于错误的弹性理论得出以升值降低顺差的错误观点。麦金农的观点是，若要解决两国贸易逆差问题，应该稳定中美汇率，完善美元本位制。为此，美国应该采取旨在增加国内储蓄的征税、削减政府开支、减少私人消费等措施，逼迫人民币升值无益于缓解贸易失衡，反而加剧中国通货紧缩，最终也导致美国的信贷紧缩。美国货币政策应短期更倾向于多边汇率稳定，长期则应集中在稳定美国国内价格水平（如 2% 通货膨胀率），而财政政策应致力于缓解巨额储蓄赤字和贸易赤字。同时，中国应当稳定对美元的汇率。中国目前的问题不是家庭储蓄倾向太高，而是企业储蓄太多，因此实行快速工资增长、促进红利支出从企业向家庭户转移、刺激消费等措施有助于降低总体储蓄水平。麦金农强调“软着陆”解决两国贸易失衡的关键是在稳定汇率条件下逐渐纠正两国储蓄不平衡。

我提了一个问题，同为贸易顺差国，为何日本陷入通货紧缩而中国出现通货膨胀压力？他微微一笑说：“日元升值快，对经济的冲击和影响是灾难性的，导致 20 年都无经济增长，但中国不同，顶住了美国压力，升值节奏慢。你还是看看我的新书吧。”接着，他从桌上拿起一册由剑桥大学出版社出的新书，*The Unloved Dollar Standard*（《失宠的美元本位制——从布雷顿森林体系到中国的崛起》），问我的名字如何拼写，又认真地签上自己的名字，边写边风趣地说：很多人都讨厌美元，但是又不能不用美元，因为还是用美元方便。他似乎怕我看了新书仍嫌不够，又从厚厚的一叠资料中找出了几篇汇率方面的新作一并送给我。如今，这本书和资料被我反复看了几遍，从中体会他追求真理的勇气和智慧，以及对中国和中国学者的友好情谊。

二、听麦金农教授的学术报告

斯坦福经济政策研究所（Stanford Institute for Economic Policy Research,SIEPR）在经济系旁边的光楼（John A.& Cynthia Fry Gunn Building），这里面有国际发展中心

（SCID）和公共政策研究中心，大楼一层有一个能容纳200多人的学术报告厅。经济政策研究所开设了系列讲座，SCID也开设了研究中国和印度问题的讲座。经济系的麦金农教授和泰勒教授、东亚研究中心的青木昌彦教授和罗斯高教授，都是SCID的兼职研究员，有时来这里作学术报告。

2014年5月13日，麦金农教授在SCID作了题为《热钱流动、初级产品价格周期波动、发展中国家的金融控制》的学术报告。与往常SCID举办的小型学术讲座听众不多明显不同，30多平方米的小会议室挤满了慕名而来的学者和学生，他们分别来自美国、中国、印度、德国、巴西等国家，有充满朝气的年轻学者和学生，也有一些求知欲不输年轻人的老教授。麦金农教授阐述的中心思想，就是美国实行内向型、忽视他国利益的宽松货币政策，几近于零的利率，拉大与外围国利差，套利交易使热钱外流。热钱流入外围国，除中国外的其他金砖国家干预不太成功，导致本币升值和高速增长被中断；热钱流入其他新兴市场，使初级产品价格上升，而初级产品价格的上升损坏发展中国家高度依赖低价的食品和燃油的政治系统，如突尼斯政局动荡，撒哈拉以南非洲的进出口价格大幅波动困境。银行危机中断了套利者资金使热钱回流美国，造成美元升值，新兴市场货币贬值，初级产品价格下跌，使新兴市场国家饱受热钱流动和初级产品价格波动之苦，经济更加脆弱，其他工业国效仿美国实行宽松货币政策，进一步加剧了新兴市场国家经济脆弱性。因此，美国和其他工业国应该放弃零利率政策，逐步提高利率，以缩小与新兴市场国家利差，而新兴市场国家则应采取资本流入管制，减少热钱流入。最后提到中国货币之谜，人民币缓慢升值使投机者、美国财政部烦恼，适当控制热钱流入和推动对外直接投资，使中国人民银行成为国际金融中介是中国当前最好的措施。

麦金农教授的这些观点简洁有力，看似简单，但背后却有完整严密的理论体系和强有力的实证检验相支撑。如果没有捕捉问题的敏锐眼光、深厚的国际经济理论根底，对现实经济运行的了然于胸，对大量统计数据和图表的驾驭，这些令人信服的观点的产生是难以想象的。报告中仅是展现在我们面前的图表就有20多幅，包括美国和BRICS的利率、汇率、CPI、贸易、泡沫等数据，其中一些需要通过复杂计算才能得到。他每讲一句话，都要从左至右环绕一周，无论你坐在哪个角落，都感受到他对你的直视和重视。但这比盯着一个地方或人讲要费力很多，越讲到后面越感到他体力不支，呼吸沉重，但他即便再艰难也环绕一周又一周地坚持讲解，直到圆满结束。对于听众踊跃提出的任何问题，无论是教师还是学生提出的，他都借助助听器认真地听清楚，并尽可能详细的解答。麦金农教授学识渊博，思维敏捷，他对每一位听众的尊重，对质疑的气度和胸怀，以及克服身体不适坚持到最后的敬业精神，让人们久久难以忘怀。

三、和麦金农教授共进午餐

麦金农教授接受国内媒体采妨

经济政策研究所为加强学者之间的交流，活跃学术氛围，每周三都给在斯坦福从事经济学教学和研究的学者提供免费午餐，地点就在大楼一层学术报告厅的旁边。每到周三上午，这些学者都会收到以经济政策研究所所长约翰·肖文（John B.Shoven）名义发出的邀请邮件，也邀请来自各国的访问学者参加。在这里，我们经常见到麦金农教授和青木昌彦教授的身影。

麦金农教授步履有点沉，行动比较缓慢，但很喜欢同别人交流，聊各种经济问题，而且很有耐心。记得有次我坐他对面，他问，中国的影子银行发展迅猛，现在风险状况如何？聊着聊着，旁边有学者提出中国应当提高利率的观点，他马上追问，那流入更多的热钱怎么办？可见，他的脑子里金融风险和危机的弦一直绷得紧紧的。我在研究关于设立金砖国家银行的问题，有一次向他请教这个问题，他认为已经有世界银行和亚洲开发银行，金砖国家可以从这些银行获得贷款，因而没有必要专门设立金砖国家开发银行。我同他谈了一些近几年的数据，认为目前的世界银行和亚洲开发银行并不能满足金砖国家基础设施建设贷款的需求，特别是金砖国家的外汇储备增速快，总量大，普遍收益低，加强金砖国家合作、设立金砖国家银行可以集中利用和协调管理金砖国家的外汇储备，获得较好的收益。

在SCID访学的来自首都经贸大学的李靖是麦金农教授的助手，有一次请麦金农教授吃饭，邀我们几位访问学者作陪，有北京大学的郭研、南京大学的郑江淮，我们欣然答应。麦金农教授从办公室出来，同我们寒暄以后，商量去哪里吃饭。正当我们七嘴八舌地讨论时，他提议去教堂右侧底层卖盒饭的小餐厅，到了那里，购买五美元一盒的虾仁炒粉，一美元一瓶的饮料，每人六美元，算起来比学校食堂还便宜。吃什么吃多少不重要，吃的过程中谈治学聊学问，才是重要的、快乐的。我拿出银行卡付款，麦金农教授告诉我们这里只收现金，因而价格低廉，他怕我们没带现金，说他请客，却被李靖抢了个先。一个享誉全球的经济学大师，生活如此简朴，没有铺张浪费，没有专横跋扈，也不是刻意低调，他的灵魂纯粹、高尚而透明。

我所认识的麦金农教授，是一位对人类做出重要贡献的经济学大师，是一位诲人不倦的导师，也是一位待人真诚的长者。他的一生都在心无旁骛地、虔诚地探索问题、寻求真理，他是值得我们追随的学者偶像。

（作者系长沙理工大学经济与管理学院教授，金融制度研究所所长）

我们这一代和她们那一代 / 王跃生

——纪念张康琴老师

2014 年 7 月，北京大学经济学院教授、北京大学国际经济系原主任张康琴老师因病辞世，享年 83 岁。这个年龄如今算不上太高寿，但年过八旬，已得尽天年。重要的是，以张老师的丰富阅历、杰出事功、圆满家庭，从早年参加革命，到赶上时髦的苏联留学，进入中央部委，又转到最高学府，可谓“阅尽人间春色”。做自己想做的事，按照自己本意生活，对于一个并不以大富大贵、大红大紫为目标的知识分子而言，也该算人生无憾了。

参加完张老师的告别仪式，作为张老师的入门弟子，同张老师接触最多的学生之一，后来的同事和部下，再后来的衣钵传人（我自己十余年前也担任张老师担任过的北大国际经济系主任，一直到今天），总觉得自己该为老师写点什么。不过，我以为，记述以张老师的学术成就和贡献，介绍一番张老师如何为北大世界经济学科发展尽心竭力、为她的苏联经济研究事业呕心沥血，在教书育人岗位上尽职尽责，桃李满天下，似乎意义不大。这些官样文章，当是对逝者悼词的公事。圈内人自知，圈外人也未必有多大兴趣。何况，有她的著作和学生在，是一位大学教授最好的纪念碑。我更想说的，是作为学生、下属和同事对张老师的一些私人印象，以及由张老师的性格推及的那一代知识分子的精神，由此而生的一些杂感。在如今这样一个社会迷失、物质至上的时代，那一代知识分子的精神和个人品格尤显珍贵。

自然，作为私人记忆和茶馆漫谈，所言皆为个人印象和感受，白描直叙，不加渲染，也不为逝者尊者讳。所涉及的事和人很多都还在，不必考据，文责自负。某些段落，源自我两年前在北大经济学科成立 100 周年纪念文集上发表的《世界经济专业的先生们》一文。特此说明。

张老师是我读硕士研究生的导师，专业是苏联东欧经济。

由于我中学时代学的是俄语，进北大读世界经济专业后接着学了两年，加上 20 世纪 70 年代末 80 年代初苏联还是超级大国，威风八面，自然而然地把自己的专业方向选为苏联经济。由于学俄语的关系，我看过不少俄苏文学作品，喜欢苏联歌曲，有一点苏联情结，也学了一点苏联的政治、历史，曾幻想着此生以研究苏联经济为业，当个“苏联通”。谁知自打20世纪80年代中我开始正儿八经地研究苏联经济后，苏联就一蹶不振，没几年竟然解体、垮台。苏联经济的研究教学也江河日下，当“苏联通”的梦想成了明日黄花。不过，我的苏俄情结直至在莫大访问一年、在俄罗斯转了一圈之后方才放下。所谓“不见不散”吧。

张康琴老师是20世纪50年代留苏的一代，就读于莫斯科统计学院，获得经济学副博士学位（顺便说一句，这个学位在国内是视同博士的）。回国后进入国家统计局工作，20世纪70年代初从国家统计局调到北大经济系世界经济专业任教。张老师在经济系主要讲授“世界经济专题”“苏联经济”“外国经济统计分析”等几门课程。后两门课程我都跟着张老师学过两遍，本科一遍“概论”，研究生一遍“专题”。

记得是大学三年级，开始上专业课了，许多同学久已盼望的张老师的《苏联经济》终于开课。第一次上课，张老师走入一教讲堂，衣着讲究、打扮得体，一丝不苟，气度非凡，在那个时代实是难得。一进教室就惊得一班土里土气穿着涤卡制服和绿军装的学生们目瞪口呆，谁也不敢造次。读研究生后经常到张老师家去上课，对张老师了解更多。实际上张老师家里很普通，简单的旧家具陈设，跟那个时代大多数知识分子差不多。但张老师就是能穿出那个气度，有那个派头。毕竟是上海人，喝过洋墨水的。

张老师做事认真，做学问非常严谨。由于是统计学专业出身，对数字特别敏感。我在读书期间，通过上张老师的几门课，通过本科、研究生两次在张老师指导下做毕业论文，深受其惠。养成了做学问严谨、不浮躁、不浮夸、不信口开河、言必有据的习惯。有一说一，有二说二，有三分只说两分半，绝不敢妄言。这样的习惯于今天的时代大概是弱点，很难出奇迹、放卫星，难于吸引眼球，更不可能造势出名。

当然，张老师也不是让我们只躲在屋里读死书，闭门造车，她鼓励我们学有所得时积极发表、积极交流，多参加社会实践，多参加学术会议。我20世纪80年代中期初次参加学术研讨会、初次发表学术论文，都是张老师热情鼓励和大力推荐的结果。我独立完成的第一本学术专著《苏联经济——经济体制与经济发展》就蒙张老师认真审阅，热情作序。实话说，我的那本小书受当时流行的欧美学者研究苏联经济的观点和范式影响颇深，有些甚至是生吞活剥，食洋不化，张老师是不同意的。但经过多次讨论、争辩，她不但允许学生保留自己的观点，还给予嘉许和宽容，甚至自谦对西方的研究不甚了了，鼓励我们多借鉴西方研究方法。如今回想起来，张老师当时是知名教授，对一个20多岁初出茅庐的毛头小子，真佩服她的大度和宽容。这就是北大的师者。张老师治学严谨、勤奋，成果丰硕。在20世纪八九十年代国内的苏联经济研究界，张老师是领军人物之一。她主编的几部著作如《苏联经济概论》《论苏联经济》等，都成为那个时代研究苏联经济的必读书，她所著述的《外国经济统计分析概论》是当时系统运用统计数据和方法分析外国经济的颇有分量的著作。

我毕业后留在北大国际经济系任教，与张老师成为同事。后来张老师接替洪君彦老师担任北大国际经济系主任，我还担任过一段时间系秘书，直接在张老师领导下工作。方知张老师不仅做学问严谨，为人也十分认真，坦荡无私，胸无城府，心直口快。这让她受到学生和同事的尊敬与爱戴。但性格直率、坚持原则、不喜算计、不懂“运作”，又让她想做的一些事做不成，也容易得罪一些人。张老师不善于像如今的领导那样建立和维持私人关系，包括与各级管理部门的关系，仅仅是公事公办、同事之谊，这让张老师在系主任的岗位上常常受到掣肘，不仅得不到关照，甚至难于获得公平待遇，系里一些年轻老师时有怨言。有一段时间，上面让一些年轻老师到基层挂职锻炼，老师们不愿意去。张老师作为系主任动员大家去挂职，也为有些年轻老师所不理解。

张老师担任国际经济系主任期间，正是北大经济学院和国际经济系大转型时期，三个系结构重组，经济管理系从经济学院独立出去成立经济管理学院（光华管理学院前身），国际经济系是与经济管理系一起独立出去成立国际商学院还是留在经济学院，议论颇多。一个学院的重组，如同一个企业或家庭重组一样，都是大事，都要涉及很多人的利益，期间张老师含辛茹苦，殊为不易，结果却也未必尽如人意。重组之后，张老师不再担任系主任，专心治学、带学生。从学生的角度看，张老师实际上是一个不谙官场“规则”、不善管理“谋略”的学者，她也不求此道。如今的大学，教授学者和官员管理者常常身份不清，学者越来越不像学者，官员却非要充个学者的门面。大学本不是官场。如今的角色错乱，耽误了大学，耽误了学者，也耽误了官员。

离休后，张老师身体不好，参加学术活动和学术研究比较少了。不过，她的认真、较真的精神依然如故。前些年，有时候有硕士博士论文，我们还请张老师参加审阅、指导、答辩。知道她认真，特意关照，大致看看就可以了。但张老师还是一丝不苟，在论文的空白处写得满纸满篇。现在的经济学论文常常模型公式实证检验泛滥，我们知道很多是充数、唬人的，拉大旗作虎皮，可以不看。但张老师不熟悉，费力地试图弄懂，常常一篇博士论文看下来，头晕的老毛病便复发。结果搞得我们这些年也不敢再拿这些事打扰较真的张老师了。

以大的代际视野来看，与张康琴老师年龄相近、经历相仿的那一代学者，是新中国的第二代学者，也是新中国自己培养的第一代知识分子。比她们更老一代的，是留学欧美或者民国时期接受教育的老一代西式学者，晚她们一代的，则是我们这一批改革开放之初进入大学读书、如今五六十岁的中年人。老一代我们多有见识，在北大经济系如陈岱孙、陈振汉、杜度等老一代学者，高山仰止，不敢妄为攀比。就张老师她们这一代 20 世纪 50 年代读书的知识分子而言，虽然与我们一样都是在共产党领导下的新中国接受教育，她们那一代的成长环境和境遇还远不如我们，饱尝了种种政治风云变幻，今天改造、明天“洗澡”，后天反右，接着是四清社教，最后是“文化大革命”，干校劳动，人妖颠倒，被整得惨不忍睹，没过几天好日子。但是总体而言，他们那一代知识分子，仍然保持着知识分子、读书人、士的某些气质，在个人修养、精神和操守上显著地高于我们这一代。

就我个人从张老师那一代人身上的观察，他们这一代人也并不完美，比如苏式教育的知识结构，泛政治化、意识形态化的思维习惯，对个人和个性的忽视，等等。但是，这并不妨碍他们个人品格的修养和读书人应有的那点精神。比如说守时，这是我看到的老一代知识分子的普遍行为规范。在北大经济系时代，守时的表率首推系主任陈岱孙。张康琴老师也是守时的楷模。比如衣着得体，举止有度。那个时代物质和服装并不丰裕，但读书人 / 知识分子自有自己的气质。在这些个人素质方面，如今的教授们比起老一代大为逊色。这恐怕不能用如今堵车严重、服装丰富、张扬个性来解释。

比守时重诺、举止有度更重要的是那一代知识分子身上还保留着的中国知识分子的认真、守信、礼义廉耻，还有清高，那么一点贵族精神。我以为清高绝不是什么贬义词，而是褒义的。它包含一种守正至中，有原则、有价值的追求，包含着淡泊名利、远避凡尘的气质，包含着不为五斗米折腰的精神，包含着高傲的自尊，读书人的底气，“士可杀不可辱”的本色。这些，在张老师那一代知识分子、教授学者身上都还多少留有遗韵。作为这种精神的延伸，她们都守时、有礼、谦虚、矜持。对于平民百姓、贩夫走卒必定客气有加，热情相助；对于高官显贵、富商巨贾则不卑不亢，持之有度。她们把学术当事业而不是工具，不以富贵论成败，不以成败论英雄。由此，她们能够保持平和、淡然、独立、高贵、自尊，身虽穷却是真正的精神贵族。

（作者系北京大学经济学院教授）

财经阅读

《货币、汇率与中国经济》序 / 黄有光

我在2013年10月19日深圳科斯追思会上见过谢作诗。次月我在西安交大金禾经济研究中心访问时，参加了由他主讲的"垄断与资源配置：交易费用经济学的新视角"的研讨会，我们有实质性的交流。2014年3月初，谢作诗把他的大作《货币、汇率与中国经济》的软件稿电邮给我，让我写序。我读后，给了他一些评论，他说他会进行重大修改。但我没有时间重读修改版，所以这序是根据修改之前的稿写的。

如果说"字字看来都是血，数年辛苦不寻常"，可能有些夸张，但作诗自己说"为伊消得人憔悴"，应该是有些根据的。至少，我认为这是一部很有分量的学术作品，而且我也从阅读中获益不浅。书中不但有教科书式的一些论述，也有更多作者自己的甚至很独特的论述。因此，虽然我对初稿有一些不同的意见，但我相信修改稿应该是很值得向读者推荐的。我认为谢作诗即使在初稿，我同意的地方大大多于我有不同意见的地方。但为了讨论，下文着重于有不同意见的地方，希望读者不要误会。

本书不但有很多引人深思的论述，也有引人大声发笑的地方，例如："皇帝是不是垄断？皇帝金口玉牙，说一不二，是垄断。但是要知道，有多少人想当皇帝呢……我谢作诗也想当。大家想想看，连我谢作诗这样的人都想当皇帝，竞争能不激烈吗？"

作诗也说："与其对得平庸，不如错得有启发。"这也说得没错。书中有很多很有启发性的观点，虽然未必完全正确。有些是涉及顶级大师如凯恩斯与哈耶克都在争论不休的，也不能够说，谢作诗的观点与黄有光的不同，所以他是错的。

关于政府与市场的论争

一个中心论争是，是否需要政府，还是应该让市场处理除了维护产权与治安等以外的问题。在上海2014年7月5–6日纪念杨小凯逝世十周年的会议上，林毅夫与张维迎也就此争论得很厉害。张维迎对思想自由、市场与企业家的强调，显然是正确与重要的，但他说政府无论怎么做都做不好的看法，显然极端（顺便介绍，他2014年在香港《信报财经月刊》连载完的论述中国前途的文章，很值得细读）。林毅夫认为改

革开放以来政府 95% 做对了，也有些夸大。我当时坐在他们两人中间，观点也在他们中间。林毅夫当时对我说，我的观点其实比较接近他。最近读了林毅夫在 FT 中文网的“中国学术界不能只引进”的论述后，认为他说我比较接近他，很可能是对的。希望张维迎也能够写一篇来说服我们，使我们不会太偏向林毅夫。

我说过，我认为在中国，市场与政府都做得不够。FT 中文网的徐瑾引用了这话，不过可能被误认为我认为市场做得不够，政府也做得不够。其实我原来的说法有些不清楚。我的意思是，中国政府在应该放开让市场去调节方面，与应该政府去处理方面，都有做得很不够的地方。我举北京还在用单双号限制汽车行驶，用摇号分配车牌的例子，这显然是应该而没有放开让市场调节的地方。我也举环保与食品安全的例子，这显然是需要政府来处理，而政府处理不够的地方。（详见东方早报，2013 年 11 月 12 日拙文“科斯与张五常反对政府干预污染的错误”）

虽然简单一刀切会有误导性，但大致而言，谢作诗是明显倾向于市场派的，尤其是关于政府是否需要调节总需求方面，他是支持哈耶克，反对凯恩斯的。哈耶克强调市场的功能与政府干预的无效性；凯恩斯强调市场的不足，尤其是关于总需求的宏观问题。哈耶克也有重大道理。韦森于 2014 年中由中信出版社出版了《重读哈耶克》，讨论了哈耶克与凯恩斯的贡献与论战，很值得细读。

我是折中派，认为政府干预有很多问题，但在 2008-2009 年全球金融危机的非常时期，银行、个人与企业都增持现金，美国在一个季度内货币倍数（货币供应量与基础货币之比例）减少约 50%，如果没有大量的增加基础货币来抵消，货币供应量的大量减少势必使总需求大量减少，在价格与工资有下降刚性的现实世界，几乎必然使大衰退变成 1929 年式的经济大萧条。类似原因，中国的 4 万亿虽然造成很多浪费，但避免了经济大滑坡，应该是正确的应急之策。

谢作诗（第 4 章）反对宏观调控，批判凯恩斯对总需求的干预，但他也说“资产市场存在明显的‘追涨效应’”（第 5 章第一页）。若然，为何这么信任市场，认为不需要凯恩斯式的干预?

作诗认为：“经济向下调整本身并不是错，恰恰相反，这是经济在做自我修正与康复，是经济重新恢复正常增长必须经历的过程。”哈耶克式的论述当然也有些道理，但忽视了不完全竞争和与之有关的大萧条。（详见《黄有光自选集》关于“典型企业”那篇）

关于日本的停滞

谢作诗问："日本的基本政治经济制度并没有变，为什么又会有失去的十年、二十年？"很多人也引用日本的例子，认为人民币升值万万不可行。根据这个论点，日本近二十多年来的经济停滞，就是由于在 20 世纪 80 年代底日元升值所造成的。我以前已经论述过，日本的例子并不真正支持反对人民币升值的看法。其实，日元远在 20 世纪 80 年代底很久之前就已经有大量的升值，而经济继续高速发展，到 20 世纪 90 年代后才开始停滞或以很低速成长。这有几个原因。

第一，日本已经成长到了大笨象阶段（根据南洋理工大学林崇椰教授发展的乌龟－飞马－大笨象三阶段论），成长速度理应减到低速度。第二，由于一些原因，日本实行一些违反经济效率的政策，例如保护农产品等。第三，日本有一些金融的问题，包括银行贷款受到人情与权力的影响等。第四，日本向来有很高的储蓄率，加上日元升值，投资者把资金投到外国。因此，日本拥有大量的海外资产。这些海外资产的回报，没有被计算进日本的国内总产值中，但却属于日本人所有。日本近十多年来的所谓经济停滞，是根据国内总产值来算。 如果根据包括在国外的净收入的国民总产值，则数字要大得多。第五，日本人口快速老化，中青年工作人口比例下降，经济成长速度下降是自然的，但老年人有好多资产，并没有经济问题。

其次，日本的低速成长不见得是一件坏事。首先，日本已经有很高的人均收入，除了住房不是很大，其他物质条件基本满足，再高速成长，主要是污染环境，而非真正提高生活品质。避免这种高速增长，不但对日本人民有利，对全世界也有利。

在日本以高速成长的几十年或更长的时期，日本人民的快乐水平差不多是全世界最低的，而且长期没有增加。从 1958 年到 1987 年，人均实际收入增加 5 倍多，而快乐指数没有增加。日本经济约从 1989 年开始停滞或以低速成长。根据 1994 年的调查，日本的快乐指数，在各国比较中，已经从敬陪末座增加到中下的水平（Diener 2000）。根据 2002 － 2004 年的调查（Leigh & Wolfers，2005），日本的快乐指数已经到达中等至中上水平。这可能有其他原因，但原因之一大概是，日本人已经逐渐认识到，拼命挣钱并非获得快乐之道（请参看笔者的《快乐之道》，复旦大学出版社 2013 年版）。从 1987 年开始，日本的平均工作时间平均每年减少约 0.7%。这闲暇的增加也没有被计算在产值内。

日本近十多年来的经济停滞或低速成长，被多数人认为是大坏事。其实，对日本人民与全世界都有利。如果日本经济停滞真的是由于汇率增值造成的，汇率增值万岁！

当然，中国的情形和日本完全不同，不会因为人民币升值而经济停滞。其实，即使是已发展国家，升值也未必会使成长减速。例如澳大利亚元对美元汇率从约11-12年前的48美分及2008-2009年的60美分增加到现在（2014年8月18日）的93美分强，增值分别超过93%与55%，而其经济以高速发展（以已发展国家水平而言），而且房地产与股票的价值指数（除了短暂金融危机时期外）都大量增加。

其 他

谢作诗问："假如提高价格能够增加利润的话，厂商为什么不自己提高价格，而要由政府通过汇率升值来提高价格呢？"我的回答：国内许多厂商不顾及环保的激烈竞争，使中国尤其是在人民币被低估而又没有足够环保税的条件下，大量的出口至少在边际上是得不偿失的。

谢作诗说："名义汇率升值可能导致热钱流入，形成长期升值预期，产生资产泡沫和过度升值。"黄有光反驳：这是继续升值预期的作用，大体上应该是因为升值不够，或太迟升值导致，而不是升值导致。

谢作诗说："货币量固定不变，普遍的价格上涨绝不可能发生。"（第4章第1.2节）。这违反货币流通速度可以变，也违反敝作*Mesoeconomics*（《综观经济学》）的结论；详见《黄有光自选集》。

谢作诗说："很多人讲二战带来世界经济的复苏与繁荣。对不对？也对，也不对。对的是二战的确带来了重建期的经济繁荣。不对的是，二战同时带来了20世纪70年代世界经济的滞涨。你是要看战争和自然灾害的短期功效呢还是长期功效？"我认为没有二战，世界经济会更好；也认为20世纪70年代世界经济的滞涨不是二战的问题，是另外有原因。

谢作诗说："我们利用价格和税收杠杆，的确可以促进石油资源节约，但这是在为世界而节约，不只是在为中国而节约。当然，因此而产生的价格扭曲代价是要由我们一个国家来承担的。"由于汽油的消费有污染、堵塞等外部成本，全世界的油价都应该大量增加！

谢作诗说："我们单方面取消关税既利己，又利人，难道这有什么不好吗？"这是假定小国，不能影响贸易条件，对于中国的一些情形可能已经不适用。还有，这也忽视一些消费者可能有"崇外"的不正确倾向。因此，对于一些入口奢侈品，关税未必不好，还有避免逃税效率高的作用。

总结说，虽然笔者有一些与本书作者不同的看法，但依然认为这是一本很值得细读的学术作品，希望读者会更加重视一个“异议人士”的推荐。

（作者系新加坡南洋理工大学经济系温思敏讲座教授）

收入分配又回来了 / 汤铎铎

——《21世纪资本论》述评

2014年，全球最受欢迎的经济类著作非托马斯·皮凯蒂（Thomas Piketty）的《21世纪资本论》莫属。除了作者本人，最直接的受益者是出版社。过去15年，以学术标准著称的哈佛大学出版社出过两本足以自傲的畅销书，其当年销量均在6万册左右。《21世纪资本论》的成绩是不到两个月首印8万册即告售罄，还不包括超过1万册的电子书。迄今为止，该书英文版已售出超过30万册，哈佛大学出版社成立百年来这绝无仅有。

论及该书的成功，一些评论者喜欢从此前的全球金融危机入手，指出此后西方社会收入分配问题进一步恶化，该书出版正逢其时云云。就评论者而言，这样代入方便自然，无可厚非。不过，这种时势造英雄的论调多少冲淡了该书本身的价值。我想，这本书的成功主要源自其开阔的理论视野、丰富扎实的数据资料和不循成见的观点结论。这样一本书，任何时候出版都会获得成功。

该书的主旨可以从两方面概括：从现实层面看，它对崇尚自由放任的资本主义经济制度提出了新的批评；从理论层面看，它为经济学研究，尤其是宏观经济学研究，开辟了新的疆域，甚至有望引领一场宏观经济学革命。

对资本主义制度最著名的批评，当属马克思的《资本论》。皮凯蒂在书中多次提及马克思，而其书名也含有向马克思致敬之意。皮凯蒂与马克思的共同点在于，都关注收入分配问题，指出私有产权的自由市场经济本身会导致严重的不公平。然而，如果据此即认为皮凯蒂是马克思主义学者，而《21世纪资本论》是马克思《资本论》的后续，那就大错特错了。皮凯蒂的研究和马克思截然不同，最突出的有两点。首先，从方法论上看，马克思是理论的和演绎的，主要借助逻辑和思辨；皮凯蒂则是实证的和归纳的，主要借助扎实的历史数据和资料。其次，从结论看，皮凯蒂要比马克思温和得多。马克思认为资本主义的发展最终必然导致无产阶级革命，私有制是资本主义基本矛盾的根源，因而主张在无产阶级革命胜利后实行公有制；皮凯蒂则认同私有产权和市场竞争在实现经济效率方面不可替代的作用，主张通过累进所得税和累进资本税纠正其造成的收入分配不公。

20世纪70年代末以来，全球保守主义思想回潮，这在政治、经济、社会和文化等方面均有表现。在经济学研究方面多少有这样一种趋势，即效率压倒公平，生产和经济增长压倒收入分配。1971年诺贝尔经济学奖得主西蒙·库兹涅茨曾经提出一个“倒U形曲线”，指出在经济增长过程的开始阶段，尤其在工业化、城市化水平以及人均收入都很低的时候，增长会使收入分配状况恶化。不过，随着经济的继续发展，在人均收入突破中等阶段以后，这种情况会慢慢改善，最终达到比较公平的状态。因此，整个收入分配会呈现出“倒U形”走势。这一曲线实际上只是一个经验假说，其内在的理论逻辑并不清晰。然而，其暗含的一个似是而非的推论却被很多人接受，即我们主要应该关注经济增长本身，只要经济持续增长，最后收入分配问题会自动解决。

1995年诺贝尔经济学奖得主、宏观经济学巨擘罗伯特·卢卡斯的一个说法也很有代表性。他指出：“论及有损正确经济学的倾向，我认为最魅惑最恶毒的是关注分配问题。……但是，工业革命至今二百多年发生的亿万人福利的巨大增加，几乎没有丝毫可以归因于资源从富人到穷人的直接再分配。通过找出当前产出的不同分配方法来改善穷人生活的可能，相较于产出增加的无限潜力而言是无足轻重的。”也就是说，改进人类福利的最好办法是促进经济增长，收入和财富再分配的作用很小，而且，关注分配问题本身甚至是有害的和别有居心的。更形象一些的话，关注经济增长和技术进步的都是创造财富的勤勉的英雄，而关注贫富差距和收入分配问题的都是躲在阴暗角落里的捣乱者。他们不关心如何创造财富，只关心如何分配财富，而这往往会妨害财富创造。

在这种大背景下，主流经济学（尤其是宏观经济学）有意无意间就忽视了收入分配问题。皮凯蒂则以严肃而决绝的态度，让人们的目光重新聚焦到这一重要问题上。这需要勇气，皮凯蒂的勇气来自其扎实的研究。中国有句古语叫“十年磨一剑”，皮凯蒂在这一领域已经耕耘了超过15年。他有数十篇论文发表在国际顶级的学术期刊上，他参与创建的全球顶层收入数据库已经颇具规模，他在美联储圣路易斯分行发布的Ideas全球经济学家排名中位列前500，他还是国际货币基金组织最近评出的全球最具影响力的25位青年经济学家（45岁以下）之一。因此，皮凯蒂并非被边缘化的非主流学者，《21世纪资本论》的强势表现也绝非偶然。

皮凯蒂的切入点非常新颖。他仔细研究了几个主要发达国家超过百年的财富收入比（也即资本产出比，皮凯蒂将财富等同于资本，这一处理小有争议，但不影响分析和结论，此处不赘述）。当他从这一独特角度掀开历史长卷之时，其意蕴之丰富出人意料。资本产出比在经济增长理论中处于核心地位，也有很多中长期的实证研究。但是，这种超过百年的超长期考察却很罕见（在该书中，英国和法国的数据超过300年，美国超过200年，德国和加拿大超过100年）。在这种超长尺度下，一个清晰的模式显现出来。在第一次世界大战之前，主要发达国家的资本产出比很长时间内稳定在500%至700%的高位，即一国的总财富（资本）相当于其5到7年的国民收入。在两次世界大战和大萧条期间，该比值急剧下降到200%至300%的水平，因为此时资本不但从数量上遭到损毁和破坏，而且其市场价值也崩溃了。第二次世界大战后，该比值开始缓慢攀升，目前已经达到500%左右的水平。

同时，在第一次世界大战前的很长时间内，主要发达国家的收入分配处在非常糟糕的状态。除了引用大量数据，皮凯蒂还多次提及巴尔扎克和简·奥斯汀。在他们的小说中，一个明显的社会现象是依靠继承财富而达到的生活水平，很难通过努力学习和工作来获取。皮凯蒂带我们重温了巴尔扎克《高老头》中的一幕，男主人公被告知，无论你天赋如何高，学习工作如何努力，职业生涯如何顺畅，你最后得到的生活都无法和娶一位富家千金相提并论。皮凯蒂称这一时期为世袭资本主义，而这种世袭社会在两次世界大战中遭到毁灭。不过，二战后至今的几十年中，主要发达国家最富有阶层在国民收入中所占的份额显著增加，顶层财富越积越多，财富继承的数额也越来越大，有重回一战前模式的趋势。

皮凯蒂最近发表的一篇论文题为“资本又回来了”，直指近几十年主要发达国家资本收入比上升的事实。资本回来似乎并不可怕，难道更多的财富积累不是好事吗？真正可怕的是这后面暗含的收入分配逻辑。增长理论中有个并不神秘的定义式，即：资本收入份额等于资本总量乘以资本收益率再除以国民收入，亦即：资本收入份额等于资本收入比乘以资本收益率。显然，在特定的资本收益率假设下，资本收入比上升意味着资本收入份额上升，也即劳动收入份额下降。一般而言，资本收入者要比劳动收入者更富有，二者收入份额的这种变化必然会导致收入分配恶化。皮凯蒂用这个简单的定义式把上述两种现象——资本收入比上升和收入分配恶化——联系起来，并称之为资本主义第一基本法则。

对于近几十年资本收入比的上涨，皮凯蒂给出了自己的解释。他认为，除了资产价格上涨，最重要的原因是经济增长速度下滑。经济增速下滑的原因有二，一是人口增长放缓，二是技术进步变慢。那么，为什么经济增长速度下滑会导致资本收入比上升？皮凯蒂给出的答案是所谓资本主义第二基本法则。在经典的索洛增长模型中，处在稳态中的经济满足如下条件：资本收入比等于储蓄率除以经济增长率。显然，在特定的储蓄率假设下，经济增长率越低，资本收入比就越高。第二法则要比第一法则难懂一些，并且，第二法则并非是第一法则那样的恒等式，而只是渐近相等，即短期内这个等式可以不成立，长期内经济会向这个结果收敛。

如此，资本主义第一和第二基本法则就形成了完整的逻辑链条：经济增速下滑导致资本收入比上升，资本收入比上升导致资本收入份额上升，进而导致收入分配恶化。反向的推论也成立，即：经济增速提升会导致资本收入比下降，资本收入比下降导致资本收入份额下降，从而改善收入分配。当然，这些推理的成立都以特定的储蓄率和资本收益率假设为前提。具体而言，当经济增速变化时，储蓄率不能有更大幅度的同向变化；当资本收入比变化时，资本收益率不能有更大幅度的反向变化。这些条件在该书中均有讨论，不过客观而言，皮凯蒂并没有令人信服地充分论证为何这些条件必然成立。这正是许多批评的入手处，可能也是未来研究的一个方向。

据此，皮凯蒂提出了全书的核心要义，即所谓资本主义的基本矛盾：资本收益率大于经济增长率。举个例子，当经济以某个速度稳定增长时，典型劳动者的工资大致会以相同速度增长；同时，如果资本所有者将大部分资本收益都用来再投资（当其足够富有时，消费的总财富占比应该很小，这个假定并非不合情理），那么其财富的增长速度就是资本收益率。如此，当资本收益率大于经济增长率时，资本所有者的收入和财富的增长速度就会快于普通劳动者。长期来看，这一机制导致的贫富差距扩大不可忽视。如此简洁明快的论证却是言前人之未及，对熟悉增长理论的人来说这相当令人诧异。现代增长理论的开山者、1987 年诺贝尔经济学奖得主罗伯特·索洛肯定了这一论证，并称之为“富者愈富动态”。他认为皮凯蒂在老题目上做出了有力的新贡献。特别需要提及的是，索洛的评论文章甚至比皮凯蒂原书的表述都更为清晰，这对于一个 90 岁的老人而言难能可贵。

《21 世纪资本论》已经收到了太多的肯定和赞美。除了索洛，另外两个热情的支持者克鲁格曼和斯蒂格利茨也都是诺奖得主。皮凯蒂最大的贡献在于，他以开阔的理论视野和扎实的历史数据，使得收入分配问题重新回归宏观经济学研究。从更长的历史时期看，库兹涅茨的“倒 U 形曲线”并不存在。因为他关注的时期正好包含两次世界大战和大萧条，那是一个财富遭到破坏但收入分配得到改善的特殊时期。库兹涅茨观察到的收入分配改善来自财富破坏，而非经济增长。因此，随着经济增长收入分配会自动变公平的观念值得商榷。更重要的是，“富者愈富动态”并不依赖任何形式的市场失灵，它本身就是内嵌于市场运行当中的一个机制。既然如此，关注分配问题也许并不像卢卡斯所说的那样不堪。

至此，皮凯蒂给出的资本主义未来图景和马克思一样灰暗，似乎只有世界大战和经济危机才能缓解收入分配不公，其途径是毁灭财富。从前面的论证看，最简单的解决之道其实是保持持续的高增长。高增长会降低资本收入比和资本收入份额，从而改善收入分配。当然，如果能让经济增长率高到大于资本收益率，上述资本主义基本矛盾就彻底消失了。从这个意义上讲，如何强调经济增长和技术进步都不为过。然而，历史数据是无情的。皮凯蒂发现，在过去2000多年里，资本收益率长期维持在4%到5%的水平，而世界经济增长率在1950年到2012年的黄金期也没能超过4%。因此，对于未来利用技术进步和人口增长来解决收入分配不公，皮凯蒂不抱希望。他给出的解决方案是累进资本税，即对个人和家庭的净资产征税，而且净资产越大税率越高。这是从不等式的另一端入手，既然不能提高经济增长率，那就只好降低资本收益率。书中对此做了大量论证，不过最终结果是由于税收竞争等技术原因，这一方案短期内很难付诸实施。

从意识形态角度看，这样一本书在获得赞扬的同时肯定也不乏批评。目前来看，很多批评也只是停留在意识形态层面。确实，对于一本严肃的专业著作而言，在学术上赞同要比批评容易得多。不过，随着大量一线专业学者的介入，相信会有很多学术性的批评出现。对该书而言，这很大程度上是好事，甚至会促使该书更加成功。经济学研究的最理想结果应该是说服别人，不过，在此之前你必须得到认真对待和足够的重视。《21世纪资本论》至少已经成功做到了后一点。

（作者为中国社会科学院经济研究所副研究员）

《21世纪资本论》把 r>g 用错了 / 丁 峰

《21世纪资本论》是2014年年度畅销经济学著作，该书提出了一个核心概念，即 r>g，该书观点基本上都是以此概念为基础来展开论述的。在这里，r 指的是资本回报率，g 指的是经济增长率。通过对300多年历史数据的分析，作者发现，从世界范围来看，资本回报率远高于劳动回报率以及平均经济增长率，财富因此越来越“收敛”于少数人的手中。作者认为，这是资本主义的本质弊端，必须要以向富人加征重税的方式来重新分配社会财富。

在经济学含义上，资本回报率与微观经济领域会计学上的净资产收益率（ROE，return on equity）概念一致。净资产收益率又称股东权益收益率，是由全部股东（资本方）所享有的利润回报率，计算公式为：净资产收益率 = 税后利润 / 所有者权益。

在这里，税后利润是企业扣除掉各项成本、费用以及税金后的利润净得，由股东享有，是期间数（会计年度为一年）的概念，即流量的概念；所有者权益是指企业总资产扣除总负债后由所有股东拥有的剩余权益，是累积数的概念，即存量的概念。那么，净资产收益率是流量 / 存量的概念。同理，反映到宏观经济学上，资本回报率也是流量 / 存量的概念。

经济增长率是末期国民生产总值与基期国民生产总值的比较，即：后一年的指标减去前一年的指标，再除以前一年的指标；而国民生产总值是指在一年内，一个国家或地区经济体所生产出的全部最终产品和劳务的价值，是期间数的概念。因此，经济增长率是增量 / 流量的概念。

GDP 有三种核算方法，即生产法、收入法和支出法，三种方法从不同角度反映了国民经济活动成果。生产法和收入法都是以行业增加值加总得到国内生产总值，按此测算的 GDP 称为生产总值的生产额；支出法是从宏观的角度观察最终产品的去向，按此测算的 GDP 是生产总值的支出额，所谓经济增长“投资、消费和净出口”三驾马车的说法就是源于支出法。本文要探讨的是 GDP 核算的收入法。

GDP 核算的收入法也称分配法，是依据西方经济学的生产要素创造收入的理论，根据生产要素在生产过程中应得的收入份额反映最终成果的一种计算方法。按照该法，GDP 由各行业汇总的劳动者报酬、生产税净额、固定资产折旧和营业盈余四部分组成，计算公式为：GDP = 劳动者报酬 + 生产税净额 + 固定资产折旧 + 营业盈余。

由此可见，GDP 在总量上流向了三个渠道，即劳动者、政府和资本方。劳动者对应于劳动者报酬，是劳动要素的回报；政府对应于生产税净额；资本方对应于固定资产折旧 + 营业盈余，是资本要素的回报，其中折旧是对初始投资的补偿，即对设备、厂房等生产性资本的补偿，资本方利得是扣除固定资产折旧后的营业盈余部分。

因此，可以将经济增长率主要分解为三部分：劳动要素收入增长率、政府收入增长率和资本要素收入增长率，由于折旧仅仅是资本补偿，资本要素收入增长率主要表现为营业盈余增长率。

根据以上阐述和分析，要证明“财富越来越‘收敛’于少数人的手中”，即财富越来越从劳动者手里“收敛”于投资者手中，就是要用实证方法数据证明：劳动要素收入增长率 > 营业盈余增长率。

而在《21 世纪资本论》一书中采用 r>g，即“流量 / 存量”和“增量 / 流量”来比较，好似“入学率”和“高考升学率”互相比较。这没有可比性，在经济学上和统计学上都没有什么意义的。

举个不恰当的例子来阐述：一个家庭，丈夫在某公司工作取得工资收入，妻子不工作但持有该公司股票取得投资收入，二者收入是家庭本年度全部收入，可称作家庭 GDP。要证明妻子比丈夫越来越有钱，只需证明妻子每年投资收入增长率大于丈夫工资收入增长率即可。而用 r>g，即妻子投资回报率和家庭总收入增长率来比较，借用一句大白话就是“牛头不对马嘴”，没有意义。

这是因为，假设妻子本年度投资收入和丈夫工资收入都增长了 10%，但是妻子的本年度投资收入（流量概念）来自于股票投资本金（存量概念）投入，投入本金多，在收益额一定的情况下，回报率就低，可能小于 10%；投入本金少，在收益额一定的情况下，回报率就高，可能高于 10%。而在这两种设定情况下，家庭总收入增长率以及两人的收入增长率都是 10%，r>g 或者 r<g 都不能说明财富向哪一方“收敛”了。

那么，回到该书所探讨的原始命题，即如何使资本回报和劳动回报维持“合理公平”水平，从而实现共同富裕呢？本人认为：

首先，财富不是分配出来的，而是生产出来的；财富的增加依赖于更多的、更有效率的生产活动。作为生产要素组成部分，资本要素和劳动要素共同参与生产活动，缺一不可；资本要素取得合理回报不是“资本家”的“寄生行为”，追根溯源，资本存量是累积所得中未消费掉的部分，是节俭剩余，这也是“劳动是财富之源”的命题含义。资本投入同样也是一种劳动形式，而且更高级，智力含量更多，风险更大。

其次，资本回报和劳动回报并不存在天然的“合理公平”水平。在充分竞争的市场经济条件下，资本回报率和劳动回报率水平的高低，是其在参与生产活动中，所体现出的财富创造效率高低的自然反映。资本回报高，自然会吸引更多的人去投资，去创业。因此，一个国家资本回报的高水平往往与其发达的资本市场和旺盛的创业精神以及创新的企业家精神相伴随；反之，资本回报低，风险大，整个社会则缺乏创新动力，大家安于现状，全民追求在国有企业和政府系统内获取稳定劳动回报。根据最基本的供求规律，要素资源向一方倾斜必然拉低其投入回报率，同时为另一方提高回报率提供有利条件；市场是最“聪明”的，它会调节要素资源在各方的分配，不存在一个“天然”的或者“计划”的“合理公平”水平。

最后，资本要素和劳动要素的“混合”是实现共同富裕的途径。在一个成熟的社会，企业普遍股份化，公司普遍公众化；借助于共同基金、养老保险基金、私人投资等形式，劳动者同时也成为不同程度上的资本所有者，从而实现劳动者和资本者的“两位一体”，实现“双赢”。就像本文所举的例子：丈夫工资少了，可能因此企业利润增加了，但同时妻子的股票收益也会随之增多，一减一增，家庭总收入并没有减少。

综上，在政府收入不膨胀，不挤占资本收入和劳动收入的前提下，提高社会资本化率，创造条件保持一个稳定、可预期的逐步上扬的资本市场，让更多更好的企业，包括垄断企业、创新企业等，在资本市场上市实现公众化，提高资产证券化率，并通过国有股权逐步退出并划转给带有全民性质的养老社保等基金的形式，让利于民，是现阶段中国实现共同富裕的有效途径。

（作者系独立学者，著有《消费品股票投资标准和实操技巧》）

他山之石

香港的竞争力与百姓生活 / 陈 宪

想到写一篇有关香港的文章，一是因为暑假恰好在香港小住时小洪发来了邀稿函；二是自小女来港工作并成家后，来港次数增加，且有时会住上一段时间，进而有了相对深入地了解，可以挖掘一些更有内涵的东西。

日前在香港中文大学和一位相识多年的老朋友见面时，他说，香港这个地方更适合富人和穷人，对富人来说，税负比较低，营商环境宽松自由；对穷人来说，政府的福利还可以，尽管公屋小，但租金很低，且基本生活和医疗都有保障，这可以由香港人均预期寿命位居世界前列得到证明。他分析，在香港，中产阶级压力最大，他们不能享受公屋，这些年居屋也鲜有供应。如果以公屋的400呎左右（建筑面积，1呎乘以0.0929等于1平方米）为基数，中产阶级每10年的奋斗就是增加10来个平方米的房子，按现在中等水平（所谓中等水平，就是指地段、小区大致在平均水平）私屋的价格，每呎（建筑面积）9000港币计，10平方米的价格约为100万港币。30年工作的辛苦，就是住上了700—800呎的房子。

问题至此，就要先来界定一下香港的中产阶级。按照收入划分的五等分法，除了最高的富人、最低的穷人，中间三个等分分别是中高收入、中等收入和中低收入的中产阶级。根据香港统计处数据，2011年，香港家庭月收入中位数为20050元，即年收入在25万左右。考虑到香港较高的基尼系数（后面会专门述及）和有近半数家庭居住在公屋和居屋，香港家庭月入中位数低于平均数幅度较大。基于这些因素，我和两位香港专业人士进行了讨论，我们的意见是，就目前的水平，家庭年收入在25万—50万为中低收入，50万—100万为中等收入，100万—200万为中高收入。需要说明的是，中高收入的上限是比较难以确定的，这关系到富人的下限定在什么地方。对于中低收入和中等收入而言，确实有如我这位朋友所说的情形。但是，中高收入阶层尤其是家庭年收入200万左右的中高收入阶层，则通常身居千呎以上豪宅，并往往还有其他投资，他们就不适合上述情形。可见，如此断言有一定的道理，但还是泛泛而言，经不起深究，而且，即便中低收入和中等收入阶层，尽管供房比较辛苦，但他们还是比穷人多一些消费，也就多一些享受；更重要的是，中低收入和中等收入阶层应该有着比穷人更多的提高收入的机会。当然，现在香港的问题是，年轻的中产阶级们并不看好收入增长和职业前景。

我们是在谈到香港未来竞争力时，他提到这个观点的。他还说道，他所在的金融系，以年薪20万美元招聘符合既定条件的美国的博士，面试后发出offer，但现在经常发生人家不来的情形。工资够高了，比美国都高，为什么不来？回答是香港的房价太高，且生活成本也甚高。以前大学提供低廉且条件尚好的住房，现在不一定了，即便提供了，租金也不那么便宜了，而且其他福利水平也比以往低了。如此种种，是想说明，香港的竞争力在下降。在现时的香港，这是一个比较普遍的看法。

一个国家，一个城市随着经济发展，人均收入增长，消费水平上升，其生活成本提高是再正常不过的事情了。由此，相对其他经济发展水平比它低的国家或城市，成本的竞争力相应下降，这也是顺理成章的。然而，应该看到的是，经济发展了，会给前来投资和就业的人们提供更多的机会，尽管成本高了，但相比于增加的机会，其竞争力不见得是下降的。就像北上广深，生活成本远高于二三线城市，但它们仍然是年轻学子寻求就业的首选。也就是说，一个国家、一个城市的竞争力，不是由一个单项指标决定的，而是由一组综合的指标决定的。

高房价确实是香港的一个“软肋”，是推高其生活成本的最重要原因。尤其在金融危机后，美元的低利率带来了港币的低利率，更使得香港的楼价异常坚挺，在采取了一系列抑制措施后，近期楼价仍然有小幅度上升，这确实对香港的长远发展不利。但是，在看到成本的竞争力下降的同时，要看到制度的竞争力一直保持着优势（香港在全球竞争力和营商环境排名中始终名列前茅，凭借的就是制度的竞争力），这是香港得以持续发展的最重要基石，也是香港的发展水平领先于世界其他城市及中国内地各大城市的主要原因。与全球竞争力和营商环境同样排名前列甚至比香港更靠前的新加坡相比，香港有着腹地更加广阔的地域优势，所以香港的综合竞争力仍然是比较强的。

新加坡国立大学的郑永年教授认为，与其说亚洲“四小龙”是一个经济奇迹，还不如说是社会奇迹。这些国家和地区的一个重要经验，就是通过社会建设，兼顾公平，形成作为社会中坚的中产阶级，这是它们能够保持持续发展的基本经验。我觉得，在经济起飞的过程中，香港和其他“三条小龙”一样，在社会建设方面的一个成功之处，就是在效率与公平之间有着较好的平衡，尤其是在关注低收入阶层方面，做了较有成效的工作。如果这一观点成立，那么，香港就应该是一个既有利于中产阶级形成和发展，也有利于穷人生存的地方。至于中产阶级压力大，可能到哪里都差不多，因为他们中的很多人都在不断进取，也在不断积累自身的财富。但是，现在看来，香港政府的社会政策在如何有利于中产阶级的巩固和成长方面，还有必须改进的地方。

值得指出的是，与其他城市或地区相比，香港的低税负是其独到之处。而且，尽管低税负，但还是在民生方面做了卓有成效的工作，所以，香港居民用相对较低的价格购买了相对较多的公共服务。试举两例说明。其一，医疗保障。香港居民因病或分娩入住公立医院，每天只要缴纳 100 港币（这只相当于三餐的饭钱），其余费用均由政府承担。其二，城市公共设施。香港为居民提供的公共设施是完善的、便利的，比较突出的是：公共运动场所如篮球场、网球场、羽毛球场等，常年免费开放；开放式公园，在香港，除了海洋公园和迪士尼乐园，所有的公园，大到维多利亚公园、香港动植物公园和九龙公园，小到星罗棋布的街边公园，都是免费的，园内有着各种儿童游乐、中老年人锻炼的设施；可遮风挡雨的行人便道和天桥，且通常都有电梯或自动扶梯。

因此，就自然环境、基础设施、公共设施、法治环境等而言，说香港是一座宜居城市，人们不会有太大的争议。会引起争议的，一是香港人的居住条件；二是香港社会的贫富差距。这两个方面确实存在不小的问题，但有可解释之处，也有可以改善的空间。

香港的公屋、居屋还有相当部分的私屋，面积都不大。也就是说，香港的大部分居民都住在一个比较小的住屋里。根据香港房委会的数字，2011 年，香港家庭住户平均居住（含租住）面积（指实用面积即套内面积）为 43 平方米，人均居住面积为 14 平方米。其中，公屋平均居住面积为 31 平方米，人均居住面积为 10 平方米。私人房屋和居屋平均居住面积为 49 平方米，人均居住面积为 15 平方米。香港有一半的家庭居住面积不超过 43 平方米；有 40% 的家庭居住面积不足 40 平方米。这里有客观条件的制约，也就是香港可利用土地面积的限制。不过，香港社会是理性面对这一客观制约的。香港目前的开发强度为 21%，灌丛、草地、湿地占了整个面积的 66%，其中 500 平方公里以上的面积，也就是说一半被划为受保护地区，就是证明。大体上属于同一尺度空间单元的深圳、东莞，开发强度分别为 46.9% 和 42.3%。我国很多城市化地区，人均 GDP 刚刚超过 1 万美元，开发强度已大大高于一些人均 GDP 达到 4 万至 6 万美元及以上的国家和地区。上海的总面积是近 7000 平方公里，开发强度已经达到 36.5%，若扣除崇明、长兴、横沙等不宜大规模开发的 1000 多平方公里的三岛面积，则开发强度近50%。北京的面积是1.6万平方公里，若扣掉不宜开发的1万平方公里的山区，开发强度是48%。因此，从可持续发展的角度，每个居住单位面积相对小一些，设计得更合理些，可充分节约资源，是值得肯定的。当然，香港现行的土地制度是否也是一个制约居民住房改善的因素，值得做进一步的研究。据了解，香港现有25万个家庭（包括单身人士）在排队等候公屋；香港还有不少需要改造或拆迁的唐楼即筒子楼，这些是香港目前最大的住房矛盾，急待加以解决。

多年来，香港的基尼系数都在0.5以上，表明香港的贫富差距处在较高水平，显著地超过了警戒线。如果说城乡差距是解释中国大陆贫富差距的首要原因，那么在香港产业结构则可能是解释其贫富差距的首要原因。这是因为，香港的产业结构相对单一，金融业和地产业这两大支柱产业产生了较多的富人和中高收入者；其他行业大多是劳动密集型的低端服务业，聚集大量低收入和中低收入就业人口，由此推高了香港的基尼系数。但是，在香港税务及社会福利在住户收入再分配上担当重要角色。数据表明，这些措施共使基尼系数在2011年降低0.062，降幅比2006年的0.058及2001年的0.055要大。2011年的较大降幅，反映了特区政府的政策在缩窄收入差距的力度和成效方面，随时间有所增加。经调整后的基尼系数，2011年为0.475，尽管仍在高位，但如果加强税务和社会福利的作用，香港的基尼系数还有望降低。当然，这需要出台进一步的政策措施。

对于美国社会的不平等状况，斯蒂格利茨在他的近作《不平等的代价》中的判断是："富人变得更富有，富人中的最富群体更是如此；穷人不但变得更穷，而且数量也更多；中产阶级正在被掏空，他们的收入不是停滞就是下降，他们与真正富人之间的差距在增大。"香港社会是否也是如此？我问了一些香港的中等收入者，他们大多比较倾向于同意这一判断。而且，香港近年来通货膨胀水平高于美国，中产阶级更是不堪重负。斯蒂格利茨认为："今天存在的不平等很多都是政府政策的结果，既有因为政府所做的事情，也有因为政府没做的事情。"所以，在解决社会不公正的问题上，政府如何做确实至关重要。

香港专业人士的另一个忧虑是，香港在成本竞争力基本丧失的同时，制度竞争力的优势也正在逐步销蚀。譬如，我们所说的香港的制度竞争力最集中地体现在金融业，如果上海自贸区试验成功，在金融开放、人民币国际化方面取得实质性进展，那么，香港金融业的优势确实将进一步受到挤压。面对这样的情况，香港应该考虑如何巩固现有优势，并培育新的优势。但是，香港是一个市场化程度很高的地方，以前政府奉行积极的不干预政策，有学者认为现在执行的是选择性干预政策。即便如此，政府也基本不会不干预产业发展。所以，如何形成新的产业优势乃至竞争优势，确实是很难破题的。由此，仍然涉及政府作用的问题，是有所作为，还是继续市场主导？继续市场主导是没有问题的，但政府是否要有所作为，在哪些领域有所作为，其程度如何，都是有待讨论并达成共识的。

（作者系上海交通大学安泰经济与管理学院教授）

我退休后在美国的生活 / 高新军

2013年底，已经工作45年的我正式从单位退休了。长期习惯于整天忙忙碌碌的我真的要一下子闲下来，还真不习惯。所以，早在退休前几年，我就为自己计划了退休后要做的几件事情，现在看来可以一个个落实了。

首先，我退休后要实现夫妻团聚。我和夫人结婚多年，一直是分居状态。这种分居比较特殊。我夫人长期在美国东北部一所大学做行政工作，我则一直在国内从事自己热爱的研究工作。每年，我们夫妻都是分多聚少。现在我退休了，正好可以实现家庭团聚。当然，由于夫人仍在工作，我就只能前往美国。好在美国地方治理是我一直关注的研究领域，现在有机会长期生活在美国，正好可以跟踪观察美国的社会变化和制度变迁。

除此之外，我还为自己规划了退休后要做的三件事。

第一是锻炼身体。由于工作期间长期缺乏锻炼，我是典型的"三高"身体：高血压、高血糖、高血脂。体重也超重。减体重一直是我的愿望。过去工作期间也做过不少努力，但是由于种种原因，往往难以坚持，最后功亏一篑。退休后，我下定决心要认真尝试一下。这个决心也与我在电视上看到一个美国人的经历有关。这个美国人63岁，体重超重，患有多种疾病。但是他经过10个月的锻炼，成功将自己的体重减少了50磅，硬是使自己从一个肥胖男变成了一个肌肉男。我想，一个63岁的美国人可以做到的事，我这个60岁的中国人也应该能够做到。

美国作为发达国家，健身市场已经十分成熟。就我所居住的马萨诸塞州西部来说，既有每个月60多美元、设施齐全的健身俱乐部，也有年卡只有100美元、大众化的健身房。既有每年收费1000多美元的游泳俱乐部，也有对60岁以上老年人每年只收150美元的室内游泳池。我是来自中国的退休者，在美国属于低收入阶层，所以花100美元购买了Fitness Center的健身年卡，花150美元购买了当地室内游泳池的年票。

都说美国人热心健身，我在这里是亲眼目睹。在健身房锻炼时，我见过盲人定期来健身，见过身带便携式氧气瓶的老妇在跑步机上慢走，见过智障者在志愿者的陪护下来健身房骑自行车，更常见大量头发花白的老年人经常参加锻炼，有时参加锻炼的老年人甚至占了整个健身房锻炼人数的三分之一。我在游泳时还见过一位94岁高龄的老妇来参加水上健身活动。这位老妇早在二战期间的1941年就是医院护士，直到今天还能够下水锻炼，真令人叹为观止。在锻炼中，我还结识了几位一同健身的美国朋友，说来还真是惭愧，他们都比我年龄大，其中两位63岁以上了还在工作。

自从2014年2月20日开始参加锻炼，我循序渐进，坚持一天一练或者一天两练，一次要消耗1500大卡热量。游泳是每次1英里。至8月份，我已经在健身房锻炼了140多次，游泳近100次。我的体重也从240磅降到215磅，并保持稳定。过去身体的"三高"症状现在大为缓解。我开始收获锻炼的果实。

第二是学习研究《圣经》。美国是一个基督教国家。教会和《圣经》在美国社会生活中占有非常重要的地位。以至于有人说，不熟悉《圣经》就不能深入地了解美国社会。美国地方治理是我的研究领域。当我在美国做地方治理案例调查时，就碰到过因为不熟悉《圣经》而不能深刻理解当事人所谈内容的尴尬事。为此，我曾暗下决心，一定要把《圣经》学习好、研究透，为深入了解美国社会奠定基础。

《圣经》作为流传几千年的经典，集中了人类的智慧、美德、行为规范、律法等。我要学好它，首先要参加教会的各种活动。这些活动除了每个星期天的礼拜外，还有查经活动、敬拜活动、砥砺活动、洗礼活动、志愿者活动以及各种聚会等。美国的基督教有很多流派，我在比较了多个流派之后，选择参加"第一浸信教会"（First Baptist Church）。学习过程中，我看到虽然《圣经》有不少令人匪夷所思的神迹，使人难以相信，但也有很多真实的历史，尤其是在"旧约"中。至于"新约"则更多是为人处世的道理。《圣经》作为一部流传后世几千年的名著，要指望在短时间内就把它的精髓全部掌握是难以做到的。这是一个长期的学习和研究过程。研究它也要同我对美国现实问题的研究结合起来，才能真正有所长进。

第三是继续我的美国地方治理的研究。我是从1997年开始研究美国地方治理问题的。至今已在这个领域公开发表各类论文五六十篇，出版著作一部。我的研究是案例研究，包含有大量的田野调查，前后被我调查过的美国地方政府有20多个，所以我的研究在国内这个领域独树一帜。我之所以能够这样做，是因为我和夫人分居两国，每年我都有机会到美国探亲，待上一段时间，我就利用这个机会进行了大量的调查，尤其是做了很多跟踪调查。现在我退休了，来到美国长住，就有更多的时间和机会来继续我的研究，只不过这种研究更多的是我的兴趣，而不是一种任务。

过去16年我对美国地方治理的各个方面做了一些探讨。这些研究是与我国现代化进程，与我国社会转型和体制转轨的现实密切相关的。研究美国是为我国改革开放服务，所以，随着我国现代化进程的深入，我对美国地方治理研究的侧重点也在调整和深入。但总的来说，我的研究主要包括两个方面：一是对美国发展轨迹的研究。对选定的案例的发展历史做深入的探讨。比如，现在我就在关注马州西部一个叫Hadley的农业乡镇的城镇化过程的历史。看Hadley是怎样从一个以纯农业收入为主的乡镇，一步步发展成为在城镇化背景下，农业收入只占整个乡镇财政收入3%，但仍旧保持了农业乡镇风貌的。保持农业乡镇风貌不仅可以保护环境，保护当地的文化传统，还可以生产绿色农业产品，发展农业旅游。这是一条在当地可行的可持续发展的道路。这样做也应对了美国社会老龄化的挑战，因为老年人更愿意住在田园乡村的环境里安度晚年。城镇化的发展则为这些农业乡镇提供了医疗、交通、公共安全、通信、垃圾处理、基础教育等方面的服务。二是关注当前美国社会的发展和变化。自2008年奥巴马执政以来，美国社会发生了很大的变化。其中主要表现为：首先，虽然美国还没有像当年互联网这样的高科技突破，但是美国在页岩气开发上能源技术的巨大进展，已经使美国从石油净进口国开始向能源出口大国转变。美国的汽油价格现在已经低于我国不少。这样一个技术的突破将在多大程度上增强美国产品的竞争优势和改变美国的对外政策，值得关注。其次，美国的三权分立权力制衡制度，在共和、民主两党尖锐对立的条件下，已经蜕变为相互否定的党争闹剧。这使得不论那个党上台执政，都面临法律难以通过、共识难以达成的困局，使得行政当局的任何正常举措，步履维艰，效率很低，扯皮不断。这将在多大程度上影响美国的国力，值得关注。再次，美国虽然现在仍旧贵为唯一的超级大国，但是发展速度和中国相比相去甚远，还欠有巨量国债和财政赤字，以至于美国现在很多想做的事情都没有钱去做。美国有心甩掉这个包袱，实现当年克林顿政府时期财政盈余几千亿美元的情景。但克林顿当年能够做到，现在美国还能够做到吗？如果做到，美国还会重现克林顿时期的辉煌吗？如果做不到，美国会出现什么局面？这些问题，也值得我们思考。最后，美国现在仍旧是一个创新动力十足的国家。这种创新不仅表现在技术的突破方面，近年来世界技术上的新发明多源于美国；而且表现在地方治理制度创新方面，尤其在提高地方政府行政效率和鼓励居民直接参与治理方面，有不少新的改进和创新。在联邦政府层面两党相互掣肘，而在地方政府层面创新层出不穷，这是不是美国的一种常态？这种相互矛盾的局面还能维持多久？美国选民能够容忍这种现象继续存在下去的底线在哪里？这是美国的一种泄洪闸吗？这也值得我们研究。

总之，我退休后在美国生活得很充实。美国已经度过了工业化时期的环境污染期，现在空气质量比我国要好很多。天天看到蓝天白云在美国不是奢望，只是那里没有我国如此丰富的饮食文化，令人十分扫兴。我会按照自己对退休生活的规划，扎实做下去，让退休生活成为我的另一种活法。

（作者系中央编译局比较政治与经济研究中心研究员）